DUMONTS KLEINES

PASTA LEXIKON

Geschmack • Verwendung • Rezepte

Tobias Pehle & Birgit Andrich

Edition
DÖRFLER

Alle in diesem Buch enthaltenen Angaben, Rezepte etc. wurden von den Autoren nach bestem Wissen erstellt und von ihnen und dem Verlag mit größtmöglicher Sorgfalt überprüft. Gleichwohl sind inhaltliche Fehler nicht vollständig auszuschließen. Daher erfolgen die Angaben etc. ohne jegliche Verpflichtung oder Garantie des Verlags oder der Autoren. Eine Haftung der Autoren und des Verlags für Personen-, Sach- und Vermögensschäden ist ausgeschlossen.

Im Internet finden Sie unser Verlagsprogramm unter:
www.edition-doerfler.de

Inhalt

Vorwort

Spass am Lesen und Geniessen

Noch ein Pasta-Kochbuch? Nein! Dies ist kein klassisches Kochbuch mit unzähligen Nudelrezepten – und will es bewusst nicht sein. Denn davon gibt es ja bereits Hunderte.

Vielmehr ist dies ein echtes Pasta-Buch, eine Liebeserklärung an die italienische Nudel-Küche. Mit vielen Informationen rund um die Pasta – von der Bedeutung in der Cucina Italiana und die kulinarische Geschichte, über die Pastaherstellung und Nudelarten, bis hin zu den weltweit geschätzten Klassikern und den nicht minder beachtenswerten regionalen Spezialitäten.

Dieses Buch richtet sich an alle Liebhaber der Pasta-Küche – und an diejenigen, die es gern noch werden wollen. Mit Leseangeboten, die weit über das hinausgehen, was Kochbücher üblicherweise bieten – wie z.B. kulinarischem Basiswissen über die verschiedenen Regionen vom alpinen Norden bis hin zur südlichen Stiefelspitze. Mit grundlegenden Informationen z.B. über das perfekte Kochen von „Pasta al dente" oder das Selbermachen von Teigtaschen. Und mit einem Nachschlagecharakter, der es ermöglicht, schnell und einfach gesuchte Informationen rund um die Pasta zu finden – z.B., was genau eigentlich Rigatoni oder Fussili sind.

Natürlich finden sich hier auch alle wichtigen Rezepte – vom Herstellen einer Pesto bis hin zum Schichten einer Lasagne. Ergänzt werden solche und andere Klassiker um Gerichte aus den einzelnen Regionen Italiens, die dort zu den kulinarischen Highlights zählen.

Diese Gerichte sind so ausgewählt, dass sie für jeden Geschmack – und auch Geldbeutel – Passendes bieten: Von den schnell und einfach zuzubereitenden „Schinkennudeln“, den „Tagliatelle al prosciutto“, über aufwändige Fischgerichte wie die „Pasta con le sarde“ bis hin zu den Feinschmecker-Varianten wie den „Fettucini mit weißen Trüffeln“.

Die Orientierung erleichtern dabei kleine Info-Kästen neben den Gerichten. Sie geben Auskunft über die wichtigsten Fakten:

- KOCHZEIT: Die fürs Kochen benötigte Zeit ist neben dem Sanduhr-Symbol in Minuten angegeben.
- KOSTEN: Die Geldtürme geben eine Orientierung über den Preis der Zutaten: Das Spektrum reicht von einem Turm (preiswert) bis zu drei Türmen (teuer).
- SCHWIERIGKEITSGRAD: Die Kochtöpfe informieren darüber, wie aufwändig es ist, das Gericht zu kochen. Ein Topf bedeutet „leicht“, zwei Töpfe „etwas anspruchsvoller“ und drei Töpfe „schwieriger“.
- KALORIEN: Der Nährwert des Gerichts wird in Tomaten angezeigt, von einer Tomate: „leichte Kost“ bis drei Tomaten: „schwere Kost“.

Italienische Pasta: Landestypischer Genuss

PASTA – INBEGRIFF ITALIENS

Für Mittel-, Nord- und Osteuropäer kommt der bewusste Genuss von Pasta immer einem Urlaubsgefühl gleich: Die Sonne Südeuropas, das Flair romantischer Städte und die Leichtigkeit des Seins – all das schwingt mit, wenn man die Sinne für das Herz der „Cucina Italiana", der italienischen Küche, öffnet.

Der unvergleichliche Geruch, der sich beim Kochen mit Olivenöl in der Küche ausbreitet, das herrliche Farbspiel, das rote Tomaten, grünes Basilikum und weißer Knoblauch im Zusammenspiel bieten, und die kleinen Gaumenfreuden, die sich beim Probieren von Pesto, Salsa oder Sugo auf der Zunge verbreiten – wer Pasta genießt, kocht nicht nur italienisch, sondern fühlt auch italienisch.

DER EINFACHE GENUSS

So kann man sich mit wenigen preiswerten Zutaten und ein paar einfachen Handgriffen auch ohne große Kocherfahrung eine kleine Auszeit von der Hektik des Lebens nehmen und sich in eine genussvolle kulinarische Welt versetzen.

Und genau darin liegt sicherlich einer der ganz wesentlichen Gründe, warum sich die Pasta weltweit so großer Beliebtheit erfreut. Italien steht eben für ein Lebensgefühl, in dem tradierte, einfache Dinge die Seele erfüllen und nicht überzüchtete, komplizierte Ansprüche.

Ein einfacher Herd, auf dem Spaghetti kochen, ein alter Holztisch mit rustikalem Geschirr, ein paar frische Oliven und Tomaten, dazu Olivenöl und Balsamico Essig – viel mehr braucht es eigentlich nicht, um sich eine Scheibe vom Glück abzuschneiden.

Da passt es gut ins Bild, dass nicht vorrangig die ausgefeilten Spezialitäten unter den Pastagerichten weltweit so hoch geschätzt werden, sondern eher die einfachen Gerichte wie Pasta mit Pesto Genovese oder Salsa Pomodori.

Besonders deutlich wird der Unterschied im Vergleich mit der zweiten großen europäischen Kochnation: Frankreich. Bei der französischen Küche denkt man gleich an feinste Speisen wie den „Coque au vin" oder die „Petit Fours", an festlich gedeckte Tafeln in exklusiven Restaurants und an internationale Spitzenköche, die wahre Künste vollbringen.

Ganz anders bei der italienischen Küche: Hier hat man die einfachen Pastagerichte vor Augen, die von der italienischen Mama liebevoll zubereitet in der gemütlichen Pizzeria um die Ecke serviert werden.

Unterschiedlicher und treffender können die Bilder und Kochwelten kaum sein – und das, obwohl beide Nationen überwiegend mit denselben Zutaten arbeiten.

Unwiderstehlicher Genuss

Natürlich hat auch die Pastaküche ausgefeilte Köstlichkeiten voller Finesse zu bieten. Und selbstverständlich zaubern auch hier internationale Meisterköche mit Fantasie und Können sowie edelsten Zutaten wie Trüffeln oder Wachteln sensationelle Gerichte. Aber letztlich sind es nach wie vor nicht die Sterneköche, die den Inbegriff der Pasta-Küche prägen, sondern die einfachen Traditionsgerichte.

So passt es auch ins Bild, dass viele Kenner ihre Lieblingspasta am liebsten fast pur genießen – allein mit etwas Olivenöl und einem Hauch Knoblauch oder mit Butter und frisch geriebenem Parmesankäse. Dass diese einfachen Gerichte zu kulinarischen Ereignissen werden können, liegt in der Qualität der Pasta. Denn so einfach das Grundrezept des Teigs ist – man benötigt eigentlich nicht mehr als Mehl, Salz und Eier – so hervorragend können die daraus gekochten Nudeln ausfallen.

Kochen mit natürlichen Schätzen

Mit die schönsten Dinge, die uns umgeben, bestehen aus einfachsten Naturmaterialien wie Holz oder Naturstein. Dass es vor allem die Italiener sind, die daraus schon seit Jahrtausenden Wertvollstes erschaffen können, liegt am Reichtum an natürlichen Schätzen, die das Land zu bieten hat – man denke nur an den weißen Marmor aus Carrara, aus dem die schönsten Statuen der Welt geschaffen wurden.

Ähnlich verhält es sich mit der italienischen Küche: Auch sie wäre ohne den natürlichen Reichtum, den das vom Mittelmeer umspülte Land zu bieten hat, undenkbar. Ob Obst und Gemüse, Fleisch und Fisch – die Auswahl ist enorm groß.

Und diese Fülle an verschiedensten Zutaten ist die Ursache für die vielen hundert Pastagerichte, die man von den Südalpen bis nach Sizilien im Laufe der Jahrhunderte erfunden und kultiviert hat.

Dabei spiegeln sich in den unterschiedlichen Pastagerichten immer auch die verschiedenen Ess- und Kochkulturen der einzelnen Regionen: Was wären die Pasta-Gerichte aus der Region um Parma ohne den gleichnamigen weltberühmten Schinken? Und was wären die Pasta-Gerichte der Küstenregionen ohne die Vongole, die Miesmuscheln, oder die Frutti di mare, die Meeresfrüchte, die im Mittelmeer so reichlich zu finden sind?

EIN SPIEGELBILD ITALIENS

Die verschiedenen Pastagerichte geben so in ihrer Vielfalt auch die unterschiedlichen Gesichter Italiens wieder und zeichnen ein so spannendes wie abwechslungsreiches Bild – nicht nur der italienischen Kochkultur. Zugleich werfen sie immer auch ein Schlaglicht auf die Landschaft, die jeweilige Agrarwirtschaft und auch die Mentalität der Menschen.

So kommt es sicherlich nicht von ungefähr, dass die feinsinnig ersonnene Pesto in der einstigen Weltstadt Genua erfunden wurde, in deren Küchen zu Glanzzeiten nicht nur die besten Köche Italiens wirkten, sondern der damals bekannten Welt.

Auf der anderen Seite verweisen beispielsweise das Ragù Bolognese aus der Emilia-Romagna oder die Pasta alla romana aus dem Latium, die aus einfachsten Zutaten bestehen, auf den bäuerlichen Ursprung. Hier wird nur verwendet, was in den ländlichen Nutzgärten wächst. So spiegelt sich hier die einfache Lebensform eines wirtschaftlich armen Umfelds.

SCHNELL UND EINFACH ZUBEREITET

Doch ganz gleich, in welche Region Italiens man schaut: Pasta werden überall gekocht und das quer durch alle Schichten, Altersklassen oder Bevölkerungsstrukturen. Die Pasta ist untrennbar mit dem Leben in der italienischen Familie verbunden.

Und auch das lässt sich einfach erklären: Pasta kann man sehr einfach und preiswert auch in größeren Mengen kochen. Das einzige, was man dazu neben mehr Pasta benötigt, ist ein größerer Topf. Und: Pasta kochen geht schnell. Die Nudeln sind in wenigen Minuten gar.

Damit bietet die Pasta vor allem in der heutigen Zeit, in der auch das Kochen meist schnell und leicht von der Hand gehen soll, eine praktische Alternative zu aufwändigen Rezepten.

Und es ist unglaublich einfach, Pasta zu kochen: Salzwasser zum Kochen bringen, Nudeln hineingeben - und nach ein paar Minuten sind Spaghetti, Tortellini und Co schon servierbereit. Mehr ist wirklich nicht erforderlich.

Zugegeben: Eine wirklich feine Sauce dazu zu kochen, ist schon ein ganzes Stück schwerer. Aber selbst der im Kochen unerfahrenste Junggeselle bekommt ohne Schwierigkeiten eine einfache Tomatensauce hin. Das schnelle und einfache Zubereiten ist somit ein weiterer wichtiger Grund, warum die Pasta weltweit so erfolgreich ist.

KOCHEN MIT SPASS UND KREATIVITÄT

Richtig Spaß macht das Pastakochen allerdings erst dann, wenn man sich ihm mit Liebe und Zeit widmet. Und das liegt nicht nur in den Hunderten von Möglichkeiten begründet, eine Sauce anzurichten. Vor allem sind es die Nudeln selbst, die in ihrer unübersehbaren Formen- und Farbenvielfalt nicht nur den Gaumen, sondern vor allem auch die Augen faszinieren.

Von einfachen Spiralen (Fussili) über kleine Nester (Fettuccine) bis hin zu kunstvoll gefalteten Schmetterlingen (Farfalle) – die italienische Küche kennt über 300 verschiedene Pastaarten. Und täglich werden es mehr: Weltweit ist heute Nudeldesign eine Kunst für sich – die auch vor den ausgefallensten Ideen wie Fußballnudeln in Sportschuh- oder Ballform nicht Halt macht.

Dieses große Angebot lädt förmlich dazu ein, der eigenen Kreativität beim Kochen freien Lauf zu lassen. Kaum eine andere Kochrichtung ermöglicht es so wie die Pasta-Küche, einen ganz eigenen Geschmack zu entwickeln: von der Wahl der Nudel über das Erfinden von Saucenrezepten bis hin zum individuell gedeckten Tisch.

Pasta sind gesund

Pasta sind gesund und machen glücklich, heißt es in Italien. Und tatsächlich hat man inzwischen wissenschaftlich nachgewiesen, dass Pasta keine Dickmacher sind.

So spielen sie sogar in der Ernährung von Sportlern, vor allem bei Ausdauersportarten, eine wichtige Rolle. Durch eine ausgewogene Kombination mit weiteren Zutaten werden sie zum Garant für eine gesunde Ernährung.

Was genau in der Pasta steckt, ist vom Teig abhängig. Vergleicht man die Inhaltsstoffe von Pasta all'uovo (Eiernudeln), Pasta secca (getrocknete Nudeln) und Pasta integrale (Vollkornnudeln) so schneiden in Bezug auf Ballaststoffe letztere natürlich am besten ab. Eier- und Vollkornnudeln besitzen außerdem mehr Mineralstoffe als Nudeln aus Hartweizengrieß. Doch das allein macht die einen Nudeln nicht gesünder als die anderen.

Was der einen Pastasorte fehlt, lässt sich leicht durch die entsprechende Kombination mit anderen Zutaten ausgleichen. So kann man beispielsweise mit Gemüse den Ballaststoffgehalt von Pastagerichten erhöhen. Und der Verzicht auf Käse, Sahnesauce oder weitere Eier hält den Cholesteringehalt einer Mahlzeit mit Eiernudeln in vertretbaren Grenzen.

Insgesamt kann man sagen, dass Pasta in Verbindung mit Gemüse eine optimale Nährstoffzusammensetzung gewährleisten und darüber hinaus die Eiweiß- und Fettzufuhr begrenzen. Pasta bestehen zwar zu 70 Prozent aus Kohlenhydraten, besitzen aber mit durchschnittlich 350 Kilokalorien auf 100 Gramm ungekochter Rohware vergleichsweise wenig Kalorien. Der Fett-

anteil ist gering und erhöht sich auch durch den Eigehalt nur leicht. Die etwa 15 Prozent überwiegend pflanzlichen Proteine lassen sich dabei durch die Kombination mit Gemüse und Käse zusätzlich aufwerten.

Pasta besitzen fast ausschließlich komplexe Kohlenhydrate, die nur langsam vom Körper abgebaut werden. Für körperliche und geistige Arbeit bieten sie daher eine hervorragende Langzeit-Energiequelle. Die Nudeln fördern darüber hinaus auch die Konzentration. Außerdem kommen in Vollkornpasta Ballaststoffe, energetisch nicht verwertbare, aber sättigende und verdauungsfördernde Kohlenhydrate, vor. In Vollkornteigwaren beträgt dieser Anteil sogar 8 Prozent.

Zum Teil sind auch Vitamine in der Pasta enthalten: In Eiernudeln finden sich die wertvollen Vitamine A, in Vollkornnudeln die der B-Gruppe. Hinzu gesellen sich außerdem Kalium, Magnesium und Eisen.

Und noch eins: Pasta machen wirklich glücklich! Und das nicht nur, weil sie gut schmecken. Eine wichtige Rolle spielen hierbei die komplexen Kohlenhydrate. Denn um das Glückshormon Serotonin bilden zu können, ist der Körper auf Kohlenhydrate angewiesen. Für ihren Transport brauchen diese wiederum Eiweißbausteine wie die in tierischen Produkten enthaltene Aminosäure Tryptophan. Pasta fresca und Pasta secca mit einer Sahnesauce und Käse enthalten schließlich beides und tragen so zu einer guten Stimmung bei. Wenn das nicht gesund ist!

Die Pasta-Qualität

Es ist zwar unumstritten, dass der Gesundheitswert von Nudeln hoch ist, dennoch lohnt es sich, beim Einkauf genauer hinzuschauen. Denn auch wenn die Unterschiede im Hinblick auf die Inhaltsstoffe der Pasta in der Regel nicht sehr groß sind, so gibt es doch Qualitätsunterschiede.

Qualitativ hochwertige Pasta erkennt man an einer glatten Oberfläche und einer gleichmäßigen Farbe. Die meisten original italienischen Nudel-Produkte aus den wenigen traditionellen Fabriken sind in der Regel immer von hoher Qualität.

Nudeln aus kontrolliertem Anbau

Natürlich haben Bio-Nudeln – egal ob aus Vollkornmehl oder aus Hartweizengrieß – gegenüber Standardprodukten einige Vorteile: Ihre rückstandsärmeren Zutaten werden im ökologisch kontrollierten Anbau schonend, ohne den Einsatz von Pestiziden und anorganischen Düngern, erzeugt.

Bio-Nudeln mit Eiern enthalten Eier von artgerecht gehaltenen Hühnern. Da alle Bio-Produkte frisch weiterverarbeitet werden, bleiben die Nährstoffe weitgehend erhalten. Auf künstliche Zusätze wie Farb-, Aroma- und Konservierungsstoffe wird verzichtet. Das gilt auch für gefüllte, gefärbte oder aromatisierte Pasta: Auch hier werden ausschließlich Zutaten aus biologischem Anbau verwendet.

Die Nährstoffe im Überblick

Der genaue Nährstoffgehalt der einzelnen Pastagerichte variiert je nach Zubereitungsart und Qualität der Zutaten. Die nachfolgende Liste kann so nur eine grundlegende Orientierung bieten.

Inhaltsstoffe von 100 g Pasta mit Ei:

Inhaltstoffe	roh	gekocht
kcal	362	145
KJ	1513	606
Wasser	12 %	65 %
Eiweiß	13 %	6,2 %
Fett	2,8 %	1,1 %
Kohlenhydrate	71,2 %	28,5 %
Ballaststoffe	ca. 1 %	0,4 %
Vitamin A	63 µg	25,2 µg
Vitamin E	300 µg	120 µg
Vitamin B1	170 µg	68 µg
Vitamin B2	73 µg	29,2 µg
Natrium	17 mg	6,8 mg
Kalium	164 mg	66,5 mg
Magnesium	67 mg	26,8 mg
Kalzium	27 mg	10,8 mg
Eisen	1,6 mg	0,6 mg
Phosphor	191 mg	76,4 mg
Fluor	80 mg	32 mg
Linolsäure	830 mg	332 mg
Linolensäure	76 mg	30,4 mg

Die wichtigsten Inhaltsstoffe von 100 g Teigwaren ohne Ei:

Inhaltstoffe	roh	gekocht
kcal	354	143
KJ	1484	599
Wasser	13 %	65 %
Eiweiß	10,2 %	4,1 %
Fett	0,9 %	0,59 %
Kohlenhydrate	71,4 %	28,2 %
Ballaststoffe	2,9 %	1,1 %
Vitamin A	0 µg	0 µg
Vitamin E	1780 µg	720 µg
Vitamin B1	100 µg	40 µg
VitaminB2	30 µg	10 µg
Natrium	380 mg	150 mg
Kalium	100 mg	40 mg
Magnesium	31 mg	12 mg
Kalzium	21 mg	10 mg
Eisen	1 mg	0,44 mg
Phosphor	99 mg	43 mg
Fluor	100 mg	40 mg
Linolsäure	830 mg	250 mg
Linolensäure	76 mg	10 mg

Die Geschichte der Pasta

Lange Geschichte

Keinem anderen Nahrungsmittel schenken die Italiener so viel Aufmerksamkeit und Liebe wie ihrer Pasta. Und das war schon immer so. Durch Italiens lange und oft stürmische Geschichte hindurch waren und blieben Nudeln stets die Speise des Volkes schlechthin.

Schon die Etrusker assen Pasta

Bereits einige Jahrhunderte vor Beginn der christlichen Zeitrechnung aßen die Menschen auf der italienischen Halbinsel Pasta, ja mehr noch: Die Nudeln waren ihr Grundnahrungsmittel.

Dies belegen zumindest Reliefs eines etruskischen Grabes aus dem 4. Jahrhundert vor Christus in Cerveteri nördlich von Rom: Hier sind, neben anderen Küchenutensilien, mehrere Geräte dargestellt, die möglicherweise zur Herstellung von Pasta dienten, wie etwa eine Rotella Dentata, ein Teigrädchen, ganz ähnlich unserem heutigen Schneidegerät. Doch es gibt noch mehr Beweise: Die römischen Schriftsteller Horaz und Cicero schwärmten beispielsweise von Lagani (dünne, aus Mehl und

Wasser bereitete Teigstreifen), die offenbar Vorläufer der heutigen Lasagne waren.

Viele von Italiens großartigsten und nahrhaftesten Gerichten haben die Jahrhunderte unbeschadet überlebt. Zu ihnen gehört auch die Pasta. Horaz aß sie gerne mit Porree und Kichererbsen, und Lasagne e ceci (Lasagne mit Kichererbsen) ist in der im Süden liegenden Region Basilicata immer noch ein beliebtes Gericht.

Die ersten Kochbücher

Auch in einem der ersten Kochbücher, die der römische Feinschmecker Apicius 25 vor Christus verfasste, finden sich einige Pastarezepte: Zum Beispiel für die Herstellung einer Lasagne in Brühe oder auch für einen Timballo, eine pikant-süße Pastete, zu deren Zutaten Pasta gehören.

In mittelalterlichen Texten finden sich dann zahlreiche Hinweise auf Makkaroni. In Boccaccios Kurzgeschichte „Calandrino“ wird begeistert über die kulinarische Ehe von Makkaroni und Käse geschrieben. Eine Speise von vollkommener Schlichtheit, die auch heute noch überall gern gegessen wird.

In der ersten Rezeptsammlung der Renaissance aus dem 15. Jahrhundert macht der Verfasser Maestro Martino da Corno genaue Angaben darüber, wie Vermicelli hergestellt und in der Sonne getrocknet werden.

Etwa hundert Jahre später nahm Bartolomeo Scappi ein weiteres Pastarezept in seine berühmte „Opera" auf, das aus gutem Grunde bis heute unverändert geblieben ist: Tagliatelle. Aufgrund dieser und anderer Dokumente aus den nachfolgenden beiden Jahrhunderten, die durchweg von Köchen der Herrscherhäuser und des Adels jener Zeit verfasst wurden, ist zu vermuten, dass die Pasta auch zu einem Nahrungsmittel der Reichen und Privilegierten wurde.

Auf deren Tafeln fand man sie in Form von Pasticci – gewaltigen Aufläufen aus Makkaroni, Fleisch, Fisch, Gemüse, Gewürzen und süßen Zutaten, die mitunter in einer Teighülle gebacken wurden. Scappi nahm mehr als ein Dutzend dieser schweren Nudelaufläufe in seine Speisenliste für ein Renaissance-Essen auf, die unter anderem Ziegenfleisch, Bries, Hase, Wachtel, Kalbszunge, Forelle und Schildkröte enthielten.

Eine allgemeine Pastabewegung nahm gegen Ende des 18. Jahrhunderts in der südlichen Region Kampanien ihren Anfang. Hier war nicht nur der Boden ideal für den Anbau von Durumweizen (Hartweizen), aus dem die Pasta hergestellt wurde, sondern auch das Klima eignete sich gut zum Trocknen, insbesondere durch die Seebrisen in der Gegend von Neapel.

DIE ERSTEN PASTAFABRIKEN

Im 19. Jahrhundert entstanden im Süden des Landes dann die ersten Pastafabriken. Der harte Durumweizen wurde in großen Handmühlen aus Granit zu Grieß gemahlen. Im Rhythmus von Mandolinenklängen kneteten dann Männer und Kinder barfüßig den Teig in riesigen Trögen. Schließlich schnitt man mit primitiven Maschinen Nudeln daraus und trocknete sie auf langen Gestellen.

Heute wird in fast allen Regionen Italiens Pasta in Fabriken hergestellt und in die ganze Welt exportiert. Italienische Großkonzerne - wen wundert's - sind dabei im internationalen Nudelgeschäft marktführend und unterhalten Tochterunternehmen rund um den Globus.

PASTA & POLITIK

Die Pasta hat selbst in der italienischen Politik eine Rolle gespielt: So sahen die Futuristen, die Anfang des 20. Jahhrunderts mit Vorliebe Traditionen jeglicher Art attackierten, in der nationalen Leidenschaft für die Pasta ein ideales Ziel für ihre Angriffe. 1932 veröffentlichte der Schriftsteller Filippo Marinetti sein Manifest „La Cucina Futurista" („Die futuristische Küche"). Darin verspottete er die Pasta als absurde „gastronomische Religion" Italiens und verlangte ihre „Vernichtung". Offenbar kümmerte dies allerdings seine Landsleute wenig: Sie verzehrten stattdessen noch größere Mengen Pasta.

Rund um den Teig

Pasta bedeutet Teig

Das Wort Pasta bedeutet einfach nur „Teig“ und bezeichnet ein einfaches Gemenge aus Wasser, Mehl und Salz, dem meist aber auch Eier und Öl untergemischt werden. Bei einigen Pastaarten dient auch Hartweizengrieß als Grundzutat. Aus dem Grundteil formt man die verschiedensten Nudeln, die wiederum alle einen besonderen Namen tragen wie etwa Spaghetti, Tagliatelle, Penne oder Farfalle.

Weit verbreitet ist der Glaube, italienische Nudeln würden generell ohne Ei hergestellt, aber das stimmt nicht. Es gibt in Italien sehr wohl Nudelrezepte mit Eiern – man denke nur an die leckeren hausgemachten Nudeln „Pasta fatta in casa“, die zumindest an Sonn- und Feiertagen auch heute noch selbstgemacht auf den Tisch kommen. Sie enthalten häufig zahlreiche Eier.

Gerade in Italien selbst gibt es nicht nur das eine universale Pasta-Rezept, sondern viele unterschiedliche Varianten. So gibt es beispielsweise in sämtlichen Regionen eigene, traditionelle Teigvariationen.

Pasta fresca & Pasta secca

Bei der Zubereitung der schier unzähligen Pastagerichte unterscheidet man grundlegend zwischen zwei Pastaarten: Entweder man greift zu Pasta fresca (frische Pasta) oder zu Pasta secca (getrocknete Pasta). Beide Pastaarten gibt es in Hülle und Fülle, und sie unterscheiden sich nicht nur in den unzähligen Formen, sondern vor allem auch in der Herstellung und im Geschmack.

Pasta fresca

Die frischen Nudeln

Pasta fresca heißt wörtlich übersetzt „frischer Teig“. Diese Nudeln werden vor allem im Norden Italiens hergestellt – traditionell aus zahlreichen Eiern, Mehl, Salz und Olivenöl. Aber auch in Mittelitalien bereitet man sie zu, dort allerdings meist mit weniger oder gar keinen Eiern. Aus Süditalien schließlich stammen die Nudeln aus Hartweizengrieß und Wasser, die sich heute weltweit besonders großer Beliebtheit erfreuen.

Pasta-Legenden

In Italien kursieren viele schöne Legenden darüber, wie die klassischen Teigwaren entstanden sind. Eine zum Beispiel besagt, dass sie im Jahre 1503 anlässlich der Hochzeit von Alfonso d'Este und Lucrezia Borgia von dem bolognesischen Koch Cristoforo di Zeffirano erfunden wurden. Die blonden Locken der jungen Braut sollen den Küchenmeister zu dieser Pastasorte inspiriert haben. Die meisten dieser unterhaltsamen Geschichten sind jedoch einfach nur nette kleine Fantasieprodukte – die tatsächlichen Begebenheiten sind meistens wesentlich nüchterner und uninteressanter.

Aber ganz gleich, ob Nord-, Mittel- oder Süditalien: Natürlich hat jede Familie ihre eigene Rezeptur für die Pasta fresca, die fester Bestandteil zum Teil jahrhundertealter Familientradition sind.

Pasta liscia & Pasta ripiena

Bei frischer Pasta unterscheidet man zwei Hauptsorten: Pasta liscia (glatte und flache Teigwaren) und Pasta ripiena (gefüllte Teigwaren), für die der Teig zu Taschen unterschiedlicher Formen gefaltet und mit einer Vielzahl köstlicher Zutaten gefüllt wird.

Bei einigen Arten der Pasta liscia, wie Tagliatelle (frische breite Bandnudeln) oder Taglierini (frische schmale Bandnudeln) ist der Name von dem italienischen Verb „tagliare“ (schneiden) abgeleitet, da sie durch Zerschneiden einer dünnen Teigplatte entstehen.

Pasta liscia kann auch die Form von großen Rechtecken aufweisen – wie die taschentuchgroße Lasagne Liguriens – oder in schmalen Rechtecken ausgeformt sein, wie die Maccheroni alla chitarra aus den Abruzzen. Diese Nudelart stellt man übrigens mit einem speziellen Gerät her, bei dem die Pasta durch Saiten – ähnlich denen einer Gitarre – geschnitten werden.

Aber auch die andere Art frischer Pasta, die Pasta ripiena (gefüllte Teigwaren) hat seit Jahrhunderten die Kreativität vieler Köche herausgefordert, die den Teig immer wieder auf neue, fantasievolle Weise schneiden, füllen und zu Taschen formen.

Diese Art der Pasta ist in Nord- und Mittelitalien sehr verbreitet, im Süden hingegen fehlt sie fast ganz, da die Menschen dort früher nicht über genügend Eier verfügten, um den Teig so geschmeidig zu kneten, dass er sich zum Füllen geeignet hätte.

Teigtaschen zum Füllen

Die bekanntesten und beliebtesten Teigtaschen sind die kleinen, quadratischen Ravioli, die eine Vielzahl von Zutaten enthalten können. Die Variationen dieser Pasta sind ungeheuer vielfältig.

Agnolotti aus Piemont sind Quadrate mit gewellten Rändern und einer Fleisch-Kohl-Füllung, Agnolini aus der Emilia-Romagna Halbmonde mit einer Fleisch-Gemüse-Füllung und Tortelli größere quadratische Taschen mit einer Spinat-Ricotta-Füllung, die in Mittelitalien sehr gern gegessen werden.

Am kleinsten sind die Cappelletti, aus Bologna stammende Teigringe, die eine gehaltvolle Mischung aus Schweinefleisch, Huhn oder Truthahn, Mortadella, Schinken, Parmesankäse und Muskatnuss enthalten.

Die vielseitig verwendbaren Cappelletti können mit einer Butter- oder Rahmsauce beziehungsweise – als traditionelles Gericht für den Heiligen Abend – in Brühe serviert werden. Nach einer romantischen, aber vermutlich erfundenen Geschichte sollen Cappelletti dem Nabel einer Frau nachgebildet worden sein.

Pasta secca

Getrocknete Nudeln

Die getrocknete Pasta wiederum stammt ursprünglich aus Süditalien. Vor allem die Gegend um Neapel bot beste Voraussetzungen für die Herstellung von getrockneter Pasta.

Wind und Wetter waren hier optimal, um auch größere Mengen Spaghetti im Freien auf der Wäscheleine trocknen zu können. Außerdem gab es nur dort den besonderen Durumweizen, aus dem die Pasta anfangs gemacht wurde. Keine Frage also, dass die Süditaliener als erste die Nudeln für sich entdeckten.

Nach und nach trat die Pasta dann aber schließlich auch in Richtung Norden ihren Siegeszug an und die Pasta-Rezepturen veränderten sich von Region zu Region. Heute werden rund um den Globus von weltweit agierenden Herstellern täglich Millionen getrockneter Nudeln hergestellt. Die Zeiten, in denen in Italien getrocknete Nudeln im eigenen Haushalt hergestellt wurden, sind heute längst vorbei.

Berühmt für seine Pasta secca war früher Neapel, wo die Pasta zum Trocknen wie ewig lange Gardinen auf offener Straße aufgehängt waren. Hygienische Standards verlangen heute aber einen anderen Umgang mit Nudeln, so dass die Herstellung fast ausschließlich industriell erfolgt.

Die Hersteller verwenden dabei für den Teig überwiegend hochwertigen Hartweizengrieß (ohne Eier), aus dem maschinell die gewünschten Formen gestanzt werden.

Diese Teigwaren werden dann in automatischen Anlagen getrocknet, von kleineren Spitzenerzeugern mitunter auch in Spezialkammern, in denen die Nudeln mindestens zwei Tage verbleiben.

Qualitativ hochwertige Pasta wird heute vollautomatisch getrocknet: 15 Stunden lang eine konstante Temperatur von etwa 60 bis 70 Grad sind dafür notwendig.

Lange Nudeln, „Pasta lunga", wie etwa Spaghetti, hängt man zum Trocknen nebeneinander auf lange Eisenstangen. Kurze Nudeln dagegen, „Pasta corta", laufen nach dem Trocknen über ein Förderband, auf dem sie gründlich durchgeschüttelt werden. Denn nur so können sich die einzelnen Nudeln voneinander trennen.

Lange Spaghetti-Geschichte

Die Vorläufer der Spaghetti lassen sich bis ins 12. Jahrhundert zurückverfolgen. Nach dem Bericht eines arabischen Forschers wurden bereits zu dieser Zeit in Sizilien Teigwaren hergestellt, die man Tria (kleine Schnüre) nannte und um Stricknadeln herum formte: nichts anderes als Spaghetti heute.

Kleines Pasta-ABC

300 verschiedene Nudelarten

Ob dick oder dünn, rund oder eckig, kurz oder lang – die italienische Küche kennt über 300 Pasta-Sorten, die sich in Form, Größe und Farbe unterscheiden.

Und es gibt wohl kaum eine schöne Form, die die Italiener nicht in Gestalt einer Nudel verewigt hätten: Muscheln, Sterne, Schnecken, Hörnchen oder auch kleine Öhrchen – das Pasta-Sortiment ist riesig und vielfältig.

Italienische Pasta secca, die auch in Italien überwiegend industriell gefertigt werden, gibt es in allen erdenklichen Formen. Selbstgemachten Nudeln könnte man diese sicher nur mit Mühe geben.

Form und Geschmack

Italienische Köche stehen trotz der unglaublichen Formenvielfalt niemals vor der Qual der Wahl, welche Nudelsorte sie zu welchem Gericht kochen sollen. Denn im Stammland der Pasta gibt es hierfür feste Regeln: So weiß man einfach, dass man zu einer einfachen Olivenölsauce mit Knoblauch Spaghetti reichen muss.

Zu einem Ragù alla Bolognese gehören schmale Bandnudeln, zu einem kräftigen Hasenragout schmecken am besten breite Bandnudeln. Warum das so ist kann sicherlich niemals abschließend geklärt werden. Ein einleuchtender Grund mag aber sicher die Tatsache sein, dass verschiedene Nudelformen unterschiedlich viel Sauce aufzunehmen vermögen.

Keine Frage, dass beispielsweise Penne mehr Speicherkapazität haben als Spaghetti. Aber auch die Art der Oberfläche ist entscheidend. So haftet an Nudelsorten mit feinen Rillen, „Rigata“ genannt, auf jeden Fall mehr sugo als an glatten Pastasorten, „Liscia“ genannt. Für Suppen und Eintöpfe bieten sich dagegen hauptsächlich die kleinen und mittleren Formen an.

Pasta von A bis Z

Dies hier ist keineswegs eine vollständige Auflistung aller Pastasorten, sondern soll nur einen kleinen Überblick über die gebräuchlichsten Nudelformen geben. Je nach Region und Hersteller können Name und Aussehen der Nudeln abweichen.

- AGNOLOTTI: Mit Käse, Fleisch oder Geflügel gefüllte, quadratische oder rechteckige Teigkissen.

- ANELLI: Nudelringe, die sich für verschiedenste Pasta-Gerichte eignen.

- ANELLINI: Kleine Ringlein, meist als Suppeneinlage verwendet.

- ANOLINI: Gefüllte, halbmondförmige Täschchen, die meist in Brühen serviert werden.

- BAVETTE & BAVETTINE: Schmale Bandnudeln, die ursprünglich aus Genua stammen. Unter den langen Formaten der Teigwaren aus Hartweizengrieß sind Bavette besonders für die Geschmacksentfaltung von Saucen geeignet. Denn die Sauce lässt sich von der Wölbung einfangen, die dem Gaumen dann die uneingeschränkte Vielfalt des Geschmacks wiedergibt. Bavette und Bavettine bleiben selbst bei leichteren, dünnflüssigen Saucen bissfest.

- BIGOLI: Dicke Spaghetti aus Weizenvollkornmehl.

- BUCCATINI: Dünne Hohlnudeln, etwa so lang wie Spaghetti. Sie haben aber einen größeren Durchmesser als diese. Die Konsistenz, der zentrale Hohlraum und die perfekte Kochfestigkeit machen die Pastasorte zu einer idealen Grundlage für sämige, geschmacksintensive Saucen. Buccatini sind antiken Ursprungs und stammen aus Mittelitalien. Vor allem in der Gegend um Rom waren sie so beliebt, dass sie im Laufe der Zeit zu einem Synonym für italienische Küche wurden. Buccatini passen vorzüglich zu den kräftigen und intensiven Geschmacksnoten der bäuerlichen Tradition.

- CANNELLONI: Dicke Nudelröhren zum Füllen. Cannelloni waren schon in antiken Zeiten bekannt. Früher wurden sie aus Wasser, Weizen und Salz zubereitet, dann in große, rechteckige Stücke geschnitten, gefüllt, aufgerollt und erst zum Schluss gegart. Durch ihre Kochfestigkeit und den großen Hohlraum sind sie ideal für Schlemmerrezepte mit den reichhaltigsten und köstlichsten Zubereitungen der italienischen Traditionsküche. Und auch für das Auge bieten sie ein besonderes Bild auf dem Teller. Der große Hohlraum der Cannelloni verlangt geradezu nach einer fantasievollen Füllung.

- CAPELLINI: Lange Fadennudeln, Engelshaar, für leichte Saucen und Fischgerichte.
- CAPELLI D'ANGELO: Feine Nester aus Fadennudeln.
- CAPPELLETTI: Gefüllte Hütchen.
- CASERECCE: Gedrehte Nudeln, die aus der berühmten kulinarischen Tradition von Sizilien stammen. Caserecce haben eine originelle, zusammengerollte Form, die an antike Pergamentrollen erinnert. Durch die glatte und poröse Oberfläche entfalten delikate Gemüsesaucen ihren Geschmack auf optimale Weise.
- CAVATELLI: Seltenere Art, die an aufgesprungene Hülsenfrüchte erinnert.
- CELLENTANI: Kleinere Nudeln, die zu Locken geringelt sind.

CONCHIGLIE: Verschieden große Muschelnudeln – große für reichlich Sauce, kleine für Suppen. Sie sehen aus wie Muscheln vom Meeresgrund und sind höchstwahrscheinlich eine der bekanntesten und beliebtesten Pastasorten der Welt. Sie sind auf ihrer Außenfläche gerillt und ihre Struktur mit dem versteckten Hohlraum, der selbst wenig haftende Saucen vollkommen aufnimmt, macht sie zu einem echten Meisterwerk.

- COTELLI/CAVATAPPI: Korkenzieher.
- CRESTE DI GALLO: Hahnenkämme.
- DITALI: Ungefüllte Hütchen.
- DITALINI: Kleinere Fingerhütchen.
- ELICHE: Spiralenförmige Nudeln, die sehr gut das Aroma von feineren Saucen aufnehmen können.
- ELICHE TRICOLORI: Dreifarbige Spiralen.

- FAGOTTINI: Kleine gefüllte Teigtäschchen.

- FARFALLE: So heißen Schmetterlinge auf Italienisch. Farfalle sind die Variante einer antiken Pastasorte, die in der Emilia-Romagna hergestellt wurde. Hierbei wurde ein quadratisches Stück Pastateig in der Mitte von Hand zusammengedrückt. An Schmetterlingen orientiert sich die zierliche und lebhafte Form, die strahlend gelbe Farbe erinnert hingegen an reifen Weizen und südliche Sonne. Die zu Quadraten geschnittene Pasta wird in der Mitte leicht gerafft und dadurch etwas dicker, die Flügel bleiben dabei dünner und leichter. Farfalle werden vorwiegend zu äußerst delikaten Gemüse- und Fischspeisen gereicht.

- FARFALLE TRICOLORI: Dreifarbige Nudeln in Schmetterlingform, die sich besonders gut für sehr dekorativ angerichtete Rezepte eignen.

- FARFALLINE: Kleine Schmetterlingsnudeln für Suppen.

- FEDILINI: Fadennudeln, oft als Suppeneinlage verwendet.

FETTUCCINE: Zu Nestern gedrehte Bandnudeln. Fettuccine sind flache breite Streifen aus Pastateig, die im Rohzustand zu zarten Nester geformt werden. Während des Zubereitens öffnen sich diese Pastanester um auf dem Teller mit harmonischen Formen aufzuwarten.

Fettucine werden aus rauem, porösem Teig hergestellt und behalten immer ihre Bissfestigkeit. Da sie die Entfaltung der verschiedenen Geschmacksnoten im Mund fördern, sind sie perfekt für die Aufnahme zahlreicher Saucen der abwechslungsreichen Küche Italiens.

FUSILLI: Spiralen, kurze für Aufläufe, lange für Tomatensaucen. Fusilli erschienen in ihrer heutigen Form zuerst in Süditalien und sind ursprünglich der Idee entsprungen, Spaghetti auf einer Stricknadel aufzuwickeln. Erst später, bedingt durch die unterschiedlichen geschmacklichen Gewohnheiten in den verschiedenen italienischen Regionen, entstanden Fusilli als eigenständige Sorte, die auch international erhältlich ist. Fusilli passen sowohl zu aufwändigen Zubereitungen als auch zu einfachen Saucen.

- FUSILLI LUNGHI: Lange Spiralnudeln.

- GARGANELLI: Kurze Röhrennudeln.

- GEMELLI: Gedrehte Zwillingsnudeln. Schon der Name der Gemellis, der auf Deutsch „Zwillinge“ bedeutet, weist auf eines der originellen Merkmale dieser Pastasorte hin: Ihre doppelte Form. Mit ihrer zweifachen Windung aus Pastafäden erinnert die Struktur der Gemelli an die Spiralenform der Fusillis. Dieses „Design“ verleiht den Gemelli eine besondere Konsistenz. Sie sind bissfest und ihre Gestaltung eignet sich hervorragend, die verschiedenen Geschmackskomponenten einer Sauce aufzunehmen.

- GIRANDOLE: Spiralnudeln, passen zu Sahne- und Buttersaucen.

- GNOCCHI: Diese bekannten Nockerln nehmen eine Sonderstellung unter den italienischen Nudelspezialitäten ein, da sie aus einem Kartoffelteig hergestellt werden. Getrocknete „Gnocchis“ aus Hartweizengrieß erinnern lediglich in der Form an die Kartoffelnudeln. Klassische Gnocchi kann man wie Pasta zu allen Arten von Salsa und Sugo genießen – besonders beliebt sind sie auch als Einlage für Suppen, vor allem für Tomatensuppen.

- LASAGNE: Breite, rechteckige Nudelteigplatten aus rauem und porösem Teig, für Aufläufe besonders gut geeignet. Das

Rezept für Lasagne stammt aus der Region Emilia-Romagna. Hier kam die eigentliche Tradition des dünn ausgerollten Eierteigs, der so genannten „sfoglia“, auf.

- LINGUINE: Schmale Bandnudeln.

- LUMACHE: Schneckenhausförmige Pasta, geeignet für Tomatensaucen.

- MACCHERONI: Dicke, lange Hohlnudeln, die zu den Klassikern der italienischen Pastaküche zählen. Man verwendet sie für reichhaltige Saucen und Aufläufe. Auch hier gibt es wieder verschiedenste Varianten – von breiteren langen Hohlnudeln bis hin zu kürzeren, dünneren Ausführungen.

Königlicher Ursprung

Mafaldine ähneln dem wellenförmigen Saum eines kostbaren Königsgewands. Und ihr märchenhaft klingender Name hat in der Tat königliche Ursprünge: Diese Pasta widmeten die Neapolitaner ihrer geliebten Prinzessin Mafalda von Savoyen.

- MAFALDINE: Lange Bandnudel mit gekräuseltem Rand, der auch nach dem Kochen seine Form bewahrt. Das Geheimnis dieser Pasta liegt in einer gewissen Unregelmäßigkeit in der Festigkeit zwischen der glatten Fläche und dem gekräuselten Rand. Dank dieser Eigenschaft passt diese Sorte gut zu geschmacksintensiven Saucen. Mafaldine eignen sich für aufwändige Zubereitungen.

- MALTAGLIATI: „Schlecht geschnittene" Nudeln.

- MEZZELUNE: Halbmondförmige Nudeln.

- ORECCHIETTE: Öhrchen-Nudeln für dicke, herzhafte Saucen. Orecchiette stammen aus der antiken kulinarischen Tradition Apuliens, der süditalienischen Region am Stiefelabsatz. Hier wurden diese „Öhrchen" (so die Übersetzung des Begriffs „orecchiette") früher einzeln von Hand gefertigt. Von einem daumendicken Teigstrang schnitt man Scheibchen ab, die jeweils einzeln mit dem Daumen auf dem Nudelbrett in Form gebracht wurden. Ihre einladende Form passt gut zu allen Kombinationen, besonders aber zu Fisch und Gemüse.

- PAPPARDELLE: Sehr breite Bandnudeln. Diese großzügigen Pastastreifen passen am besten zu dickflüssigen Saucen mit Hase und Kaninchen. Auch die anspruchsvollsten Feinschmecker werden solche Kreationen aus vollen und kräftigen Aromen zufrieden stellen. Die Ursprünge der Pappardelle werden Mittel- und Norditalien zugeschrieben, genauer der Toskana, in deren Küche sie für äußerst viele Rezepte verwendet werden.

- PASINE: Sammelbegriff für kleine Suppennudeln wie Acini di Pepe, Ditali, Risi und Stelline.

- PASTA ALL'UOVO: Nudeln mit Eiern.

- PASTA INTEGRALE: Vollkornnudeln.

- PENNE: Schräg abgeschnittene Röhrennudeln. Penne verdanken ihr Entstehen der Fantasie der Neapolitaner und deren Liebe zur guten Küche. Sie sind eine der berühmtesten Pastasorten der italienischen Küche. Ihre spit-

zen Enden, die an antike Schreibfedern erinnern (daher der Name Penne, der übersetzt Federn heißt), und ihre glatte, geschliffene Struktur machen sie für alle Saucen geeignet, auch wenn sie besonders gut zu frischen und leichten Saucen schmecken.

- PENNE LISCE: Glatte Penne für Aufläufe.

- PENNE RIGATE: Geriffelte Penne als klassischer Saucenträger. Ihre tief gerillte Oberfläche ist wie dazu geschaffen, verschiedenste Saucen aufzunehmen und hebt den Geschmack von sämigen und reichhaltigen Zubereitungen ebenso hervor wie jenen von leichten Saucen.

- PENNETTE: Kleine Penne mit kurzer Garzeit.

- PIZZOCCHERI: Buchweizennudeln.

- RAVIOLI: Rechteckige, unterschiedlich gefüllte Nudeltaschen, delikat mit Butter-Salbei-Sauce und Parmesan.

- RIGATONI: Kurze, dicke, geriffelte Röhren, geeignet für Gerichte mit reichlich Sauce. Rigatoni stammen aus Rom und gehören zum Erbe der typisch latinischen Küche. Sie zeichnen sich durch einen beachtlichen Durchmesser, einen großen Hohlraum und tiefe Rillen auf der Außenfläche aus. Diese volle und kräftige Struktur eignet sich ideal dazu, mit der gesamten inneren und äußeren Oberfläche eine Sauce aufzunehmen. Zu dieser Pastasorte passt jedes Rezept, von einfachsten bis zu aufwändigen und komplexen Zubereitungen.

- RISONI: Reiskornförmige Nudeln.
- ROTELLE/RUOTE: Räder.
- SEDANINI: Leicht gebogene Röhren.
- SPACCATELLE: Kurze gebogene Nudeln.

- SPAGHETTI: Lange bis extralange, dünne Nudeln. Spaghetti stammen ursprünglich aus Süditalien und gelten als die älteste und sicher auch berühmteste Pastasorte.

  Die Herkunft ihres Namens geht auf das italienische Wort spago zurück. Es bezeichnet lange, ziemlich dünne Fäden aus Pastateig, die sich nach dem Kochen auf dem Teller zu faszinierenden Kurven verschlingen. Unwiderstehlich ist das Spiel mit der Gabel beim Aufrollen der Spaghetti, bevor man sie genießt.

  Spaghetti sind heute zum Symbol für italienische Pasta und mediterrane Küche geworden. Mit ihrer bestechenden Form, der einwandfreien Kochfestigkeit und vielseitigen Anwendung sind Spaghetti eine praktische Lösung für unzählige und fantasievolle Rezeptideen. Spaghetti ist eine außerordentlich vielseitige Pastasorte und verbindet sich nahezu mit jeder Saucenkreation.

- SPAGHETTINI: Sehr dünne Spaghetti mit kurzer Garzeit, passen sehr gut zu Tomatensauce und feinen Gerichten.

- SPAGHETTONI: Dicke Spaghetti.

- STELLINE: Sternchen.

- STRINGOLI: Kurze Nudelröllchen.

TAGLIATELLE: In Nester gedrehte, lange Bandnudeln für gehaltvolle Saucen. Der Legende nach ließ sich ein poetischer und geschickter Hofkoch durch die Haare von Lucrezia Borgia zu den Tagliatelle inspirieren und widmete ihr diese Pasta aus Anlass ihrer Vermählung mit Alfonso d'Este: Keine andere Pastasorte kann sich eines derartig romantischen Ursprungs rühmen. Sie ähneln Fettuccine, welche allerdings 2 mm schmaler sind, und zeichnen sich durch dieselbe Vielseitigkeit aus, die sie perfekt sowohl zu Fleischsaucen als auch zu Fisch- oder Gemüsesaucen macht.

- TAGLIATELLE VERDI: Grün eingefärbte Bandnudeln.
- TAGLIOLINI: Sehr schmale Bandnudeln.
- TORTELLINI: Ringförmige Nudeltaschen, die sehr unterschiedlich gefüllt sein können. Das Spektrum reicht von vegetarischen bis hin zu fleisch- oder auch fischhaltigen Füllungen. Tortellini eignen sich sowohl für sahnige Saucen als auch als Einlage für klare Suppen.
- TORTELLONI: Große ringförmige, gefüllte Nudeltaschen.
- TORTIGLIONI: Kurze, gerippte und gedrehte Hohlnudeln, die sehr gut die Flüssigkeit von feinen Saucen aufnehmen können. Man verwendet sie vor allem für reichhaltige Saucen, kann sie aber auch gut überbacken.
- TRENETTE: Gewellte Bandnudeln mit rauer Oberfläche, ideal für Gerichte mit reichlich Sauce.
- TRINETTE: Schmale Bandnudeln mit Wellenrand.
- VERMICELLI: Breite flache Spaghetti.

- VERMICELLINI: Schmale flache Spaghetti.

- ZITI/ZITONI: Dicke kurze Maccheroni.

Kochen & Genießen

Pasta kochen

KOCHEN MIT SPASS

Nudeln kochen und anrichten kann man in jeder Küche: In einem Topf heißes Wasser aufsetzen, Nudeln hineingeben, nach ein paar Minuten abseihen und dann servieren – fertig! Allerdings: Je perfekter die Ausstattung ist, desto besser sind die Ergebnisse und desto mehr Spaß macht die Zubereitung.

NUDELTÖPFE

Bei den Töpfen spielt die Größe eine entscheidende Rolle. Generell gilt dabei: Die Größe des Topfes richtet sich nach der Pastamenge und der Art der Nudeln. In der Regel kommen nur große Töpfe in Frage, da man je 100 Gramm Pasta mindestens einen Liter Wasser verwenden sollte.

Für lange Nudeln wie Spaghetti oder Maccheroni gibt es spezielle Kochtöpfe. Sie sind besonders hoch, damit die langen Nudeln an allen Stellen gleichzeitig mit dem heißen Wasser in Berührung kommen und somit auch gleichmäßig garen.

Außerdem gibt es natürlich auch Töpfe, die speziell zum Nudelkochen erdacht wurden. Es handelt sich um Töpfe mit einem inneren Sieb, mit dem man die Pasta direkt aus dem Kochwasser herausnehmen kann, ohne sie gemeinsam mit dem heißen Wasser abgießen zu müssen. Diese Töpfe bietet der Handel unter der Oberbezeichnung Nudel-Kochtopf an – viele von ihnen werden zugleich aber auch als Spargel-Kochtöpfe vermarktet.

Schließlich bietet der Markt den Pastaköchen Modelle mit einem speziellen Deckel an, mit dem man den Topf während der gesamten Kochzeit abdecken kann, um so keine Wärme zu verlieren. Der Vorteil dieser Methode ist, dass die Temperatur im Inneren des Kochtopfes stets konstant bleibt.

Siebe & Durchschläge

Zum Abschütten der Pasta nach dem Kochen ist ein ausreichend großes Sieb oder ein Durchschlag – möglichst aus Metall – empfehlenswert.

Die Löcher oder Maschen des Siebes sollten einerseits nicht zu groß sein, damit kleine oder dünne Nudeln nicht hindurch rutschen, andererseits aber auch nicht zu klein ausfallen, damit das Wasser schnell und gründlich ablaufen kann. Perfekt geeignet sind vor allem große, also sowohl breite als auch hohe Siebe. Sie sind nicht nur dann zu empfehlen, wenn größere Mengen Nudeln gekocht werden. Auch bei kleineren Mengen erleichtern sie das Kochen, weil sich in ihnen die frisch abgegossenen Nudeln leicht aufschütteln lassen und so das Wasser leichter und schneller abfließt. Praktisch sind dabei große Siebe mit zwei Griffen, die man sicher mit beiden Händen greifen kann.

Ein gutes Sieb verfügt zudem über einen Standfuß, mit dem es sich sicher in der Spüle oder auf einem Ablaufbrett aufstellen lässt. So hat man beim Abgießen beide Hände frei, um den Nudeltopf gut greifen zu können.

Servier-Töpfe

Relativ neu auf dem Markt sind spezielle Pasta-Töpfe für die schnelle Küche: In ihnen lassen sich fertige Pastagerichte recht ansehnlich direkt auf dem Tisch servieren. Dazu gibt es zu den eigentlichen Töpfen passende Siebe und Untersetzer, die aufwändiges Servieren in Schüsseln und Schalen überflüssig machen und so für weniger Abwasch sorgen.

Pasta al dente - das richtige Kochen

Perfekte Nudeln

Perfekt gekochte Nudeln haben in der Cucina Italiana den gleichen Stellenwert wie ein guter Tee in England. Wichtig ist dabei vor allem, genau die richtige Garzeit zu finden, was in der italienischen Küche einem kleinen Zeremoniell gleich kommt.

Pasta sollten immer „al dente“ sein. An diesem idealen Garpunkt ist die Nudel äußerlich weich, aber das Innere, das Herz, noch bissfest. Diesen Garpunkt abzupassen ist das ganz große Ziel beim gekonnten Kochen der Pasta. Allerdings: Wenn man ein paar Grundregeln beachtet, ist das perfekte Pastagaren kein Hexenwerk:

1. AUSREICHEND WASSER: Für den Kocherfolg ist zunächst eine ausreichend große Wassermenge ausschlaggebend. Die Faustregel dabei lautet:

PRO 100 GRAMM NUDELN 1 LITER WASSER

Es darf auch mehr sein. Bei zu wenig Wasser kleben die Nudeln zusammen. Das Wasser kann die einzelne Nudel nicht umspülen – ein perfektes Garen ist so unmöglich.

2. WASSER ZUM KOCHEN BRINGEN: Der Kochtopf sollte für die Herdplatte genau die passende Größe haben – nur so nutzt man beim Kochen die Energie von Herdplatte oder Ceranfeld optimal aus. Das Wasser sollte kräftig sprudeln.

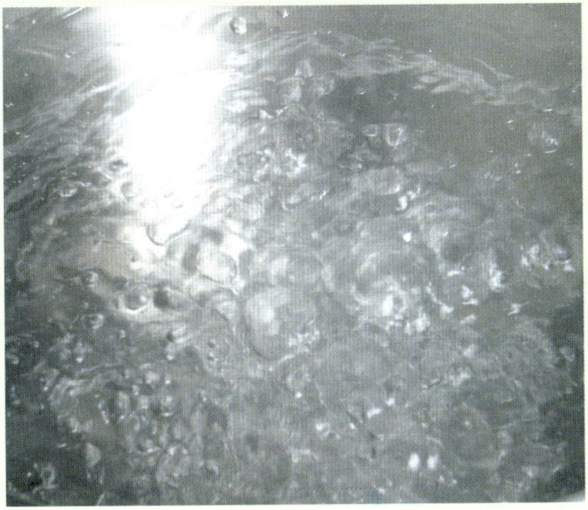

SCHNELLER KOCHEN

Die Zeit, in der das Wasser zum Kochen kommt, kann man mit einem leistungsstarken Wasserkocher verkürzen: Im Topf selbst nur eine geringere Menge Wasser zum Kochen bringen und zeitgleich im Wasserkocher die maximal mögliche Wassermenge erhitzen. Dann das kochende Wasser aus dem Wasserkocher in den Topf gießen.

3. WASSER SALZEN: Sobald das Wasser sprudelt, gibt man Salz in den Topf. Die Faustregel dabei lautet:

10 GRAMM SALZ AUF 1 LITER WASSER

Diese Menge entspricht in etwa einem schwach gehäuften Teelöffel.

4. NUDELN IN DEN TOPF GEBEN: Die Pasta gibt man nach Möglichkeit in einem Schub ins Wasser, damit sie nicht unterschiedlich lange garen. Lange Nudeln wie Spaghetti lässt man langsam ins Wasser gleiten.

Lange Spaghetti in zu kleinen Töpfen

Besonders bei ganz langen Spaghetti oder Spaghettini verfügt man oft über nicht ausreichend hohe oder breite Töpfe, um die Nudeln sofort ganz ins Wasser gleiten zu lassen. Dann umfasst man die Nudeln mittig mit einer Hand und stellt sie senkrecht auf den Topfboden auf.

Nun öffnet man die Hand ruckartig, sodass sich die Nudeln – wie beim Mikado-Spiel – fächerförmig im Topf verteilen. So verhindert man, dass die langen Nudeln zusammenkleben. Sobald die mit Wasser bedeckten Nudeln etwas weicher sind, drückt man von oben mit einem Löffel oder einem breiten Küchenwerkzeug auf die Nudelenden, sodass alle Nudeln unter Wasser gedrückt werden. Dann die Nudeln wie gewohnt weiter garen.

Mit oder ohne Öl kochen?

Gehört Olivenöl in das Kochwasser oder nicht? Diese Frage hat unter Pasta-Liebhabern koch-philosophischen Stellenwert. Die einen sind der Meinung: Nein! Denn das Öl würde die Nudeln umschließen und diese dadurch später die Sauce nicht mehr richtig annehmen. Nur in Ausnahmefällen, nämlich bei großen Teigwaren wie Lasagne oder auch bei frischen dünnen Nudeln, die sonst zusammenkleben würden, könne man einen Spritzer Öl ins Kochwasser geben. Für andere Pasta-Freunde hingegen ist das Olivenöl im Kochwasser ein Muss: Schon allein der feine Geruch, den das Öl im Wasser erzeugt, ist für sie unverzichtbar. Und sie schätzen den Geschmack, um den das Öl die Pasta bereichert. Nur in einem sind sich beide Fraktionen einig: Man braucht bei richtigem Kochen kein Öl, um das Zusammenkleben von Nudeln zu verhindern.

- 5. GAREN: Das Wasser sollte während der gesamten Kochzeit im offenen Topf leicht kräuselnd sprudeln. Ab und zu wird gut durchgerührt, damit die Nudeln nicht aneinander oder am Topfboden kleben.

- 6. DER RICHTIGE GARPUNKT: Um den richtigen Garpunkt abzupassen, werden immer wieder einzelne Nudeln probiert. Die auf der Packung angegebene Garzeit stellt dabei nur einen Anhaltswert dar. „Al dente" sind die Nudeln genau dann, wenn sie noch Biss haben und trotzdem schon weich sind, sich also beim Daraufbeißen ein kleiner Widerstand bietet.

- 7. PASTA ABSCHÜTTEN: Die bissfeste Pasta in ein Sieb abschütten. Auf gar keinen Fall sollte man die gekochten Nudeln mit kaltem Wasser abschrecken. Auch das Abwaschen mit heißem Wasser ist eine Unsitte.

- 8. NICHT ABKÜHLEN LASSEN: Die Pasta sollten keinesfalls abkühlen. Deshalb füllt man sie sofort nach dem Abschütten in eine vorgewärmte Schüssel.

- 9. SOFORT VERMENGEN: Die fertigen Pasta vermischt man am besten sofort mit der Sauce. Die noch poröse Oberfläche der frisch abgegossenen Pasta kann nämlich den Geschmack der Sauce am besten annehmen.

PASTA VORKOCHEN

Nudeln, die nach dem Kochen weitergegart werden sollen, etwa als Auflauf im Ofen, sollten ein wenig früher – in noch etwas festerem Zustand – abgegossen werden. Denn sie garen beim zweiten Durchgang nochmals etwas nach.

Pasta richtig servieren

EINFACH RUSTIKAL ODER STILVOLL ELEGANT

Wer sich die Geschirrauswahl von Markenherstellern anschaut, findet ein breites Angebot an Pastatellern und -schüsseln. Hinzu kommt eine große Auswahl an abgestimmtem Zubehör: von der Olivenschale über den Brotkorb bis hin zu passenden „italienischen" Gläsern.

An Möglichkeiten, Pasta stilvoll und elegant auf den Tisch zu bringen, mangelt es also nicht. Im Mittelpunkt stehen dabei große Pastateller mit breitem Rand und tiefer Wölbung. Und glaubt man der Werbung, dann kann man nur aus ihnen Pasta wirklich genießen.

Wer jedoch im Mutterland der Pasta auf den gedeckten Familientisch schaut, der findet in der Regel weder spezielle Pastateller noch ausgesuchte Gläser. In Italien selbst sind es meist einfache Geschirre, in denen Spaghetti, Tortellini & Co angerichtet werden.

Natürlich isst das Auge immer mit. Aber entscheidend dafür, wie schmackhaft ein Essen wirkt, ist letztlich nicht das Geschirr, sondern das Gericht selbst.

Große Pasta-Teller mit tiefer Wölbung empfehlen sich vor allem bei Gerichten mit dünnflüssiger Sauce. Andere Pasta-Spezialitäten kann man genauso gut – wenn nicht sogar besser – auf flachen Tellern anrichten. Denn so schön und beliebt die tiefen Pasta-Teller sind, man schaut bei ihnen immer nur von oben auf das Gericht. Der Aufbau oder das kunstvolle Arrangement eines Rezeptes lässt sich genauer und schöner auf einem flachen Teller betrachten.

LIEBEVOLL ARRANGIERTE GARNITUREN

Vor allem helle Gerichte, die wenig Farbkontraste beinhalten – z.B. Bechamelsaucen, gefüllte Teigtaschen oder Pasta Carbonara – lassen sich optisch mit liebevollen und passenden Garnituren aufwerten.

Bestens geeignet sind vor allem die klassischen Zutaten der Pasta-Küche wie frische Kräuter oder kleine Cocktailtomaten bzw. Tomatenscheiben, die am Tellerrand platziert werden. Aber auch spezielle Zutaten der Gerichte – z.B. Oliven oder Spinat-Blätter – werten die Optik passend auf.

Der schön angerichtete Teller allein macht aber noch keine mediterran anmutende Tischdekoration

aus. Entscheidend ist vor allem die „Umgebung": von der Tischplatte oder der Tischdecke über das Parmesan-Schüsselchen bis hin zu Wasser- und Weingläsern.

Dabei gilt grundsätzlich: Je voller der Tisch ist, desto atmosphärischer wirkt er. Besonders zu einem stilechten, etwas rustikaleren Ambiente gehört einfach alles auf den Tisch, was man für den Pasta-Genuss benötigt. Und wenn man dann noch ein paar Sommerblumen in einem Terracotta-Topf hinzustellt, ist das „Italiengefühl" selbst ohne spezielles Pasta-Geschirr schnell perfekt.

Richtiges Portionieren

Folgende Portionen empfehlen sich pro Person (die Angaben beziehen sich auf rohe Teigwaren und sind als Richtwerte zu verstehen):

- SUPPENEINLAGE: 20–30 g
- VORSPEISE: 50–60 g
- BEILAGE: 80–100 g
- HAUPTGERICHT: 100–150 g

Spaghettizangen & Löffel

Beim Servieren der Pasta gilt es zwischen langen, dünnen Nudeln auf der einen und kurzen, dicken auf der anderen Seite zu unterscheiden.

Für die langen Spaghetti bietet es sich an, eine Servierzange zu benutzen. Mit ihr lassen sich die dünnen Nudeln am besten greifen.

Der Handel führt ein breites Sortiment, das sich vor allem in der Formensprache unterscheidet.

Beim Kauf gilt es, die Zangen einmal kurz auszuprobieren. Dabei sollte man darauf achten, wie leicht sich die Seiten zusammendrücken lassen und wie sicher die Spangen vorn ineinander greifen.

Eine ganze Reihe von Markenherstellern bieten darüber hinaus Spaghettizangen im Design passend zu bestimmten Besteckserien an.

Kurze, dicke Pasta hingegen serviert man am besten mit einem breiten Löffel. Gut geeignet sind in der Regel große Salatbestecke, die man hier zweckentfremden kann. Außerdem lassen sich diese Nudeln auch gut mit einer Suppenkelle anreichen, vor allem dann, wenn die Sauce eher dünnflüssig ist.

Käsereiben & Parmesanschälchen

Kein Frage: Frischer Pecorino oder Parmesan gehören zum Pastagenuss wie die Sonne zum Sommer. Und demzufolge darf Hartkäse auf einem Pasta-Tisch nicht fehlen.

Selbst wenn man die Teller in der Küche anrichtet und die Pasta als Tellergericht mit bereits aufgeriebenem oder gehobeltem Parmesan & Co serviert: Die Erfahrung zeigt, dass viele Pastagenießer gern selbst noch einmal etwas Hartkäse nachnehmen. Deshalb sollte auf einem Tisch immer frischer Käse zur Verfügung stehen.

Zwei Alternativen bieten sich dazu an: Entweder man serviert bereits geriebenen Hartkäse in einem Schälchen oder man bringt ein ganzes Käsestück mit passender Reibe auf den Tisch. Beides hat seine Vor- und Nachteile.

Das Servieren im Schälchen bietet sich besonders in feinerem Ambiente an, bei dem das Selberreiben des Käses schwerlich ins Bild passt. Nachteilig ist, dass man nach dem Essen meist etwas geriebenen Parmesan übrig behält.

Das Selberreiben hingegen passt sich perfekt ins Ambiente eines rustikaleren Pastaessens ein. Vielen Pastagenießern macht es außerdem offensichtlich Spaß, den Käse selbst frisch über das servierte Gericht zu streuen. Nachteilig ist, dass meist immer auch etwas Parmesan auf den Tisch oder die Tischdecke fällt.

Den Käse serviert man am besten auf einem ausreichend großen Holzbrett, auf dem auch die Reibe abgelegt werden kann. Der Handel führt ein breites Sortiment an kleinen Handreiben, die sich bestens für den „italienischen“ Tisch eignen. Dabei reichen meist einfache, preiswerte Modelle aus.

Für fein geriebenen Hartkäse gibt es spezielle Parmesan-Mühlen. Beim Kauf sollte man allerdings auf Qualität achten, da das Reiben mit minderwertigen Mühlen recht kraftaufwändig ist.

Salz und Pfeffer

Schließlich dürfen auf einem Pasta-Tisch Salz und Pfeffer nicht fehlen, denn die Erfahrung zeigt: Vielen Pastagenießern sind selbst perfekt gekochte – und damit richtig gesalzene – Nudeln zu fad. Fürs Nachsalzen empfehlen sich vor allem Salzmühlen, die ein feines Korn mahlen und das Salz schon beim Mahlen breitflächig über dem Nudelgericht verteilen.

Frisch gemahlener Pfeffer ist fester Bestandteil vieler Pastarezepte. Am stilvollsten serviert man solche Gerichte, wenn man den Pfeffer erst am Tisch über die angerichteten Teller mahlt. In Italien ist es dabei üblich, eine möglichst große und lange Pfeffermühle zu verwenden und dieses Würzen zu einer kleinen Zeremonie werden zu lassen.

Pane - Brot

Keine Pasta ohne Brot

„Pane“ oder zu Deutsch „Brot“ kommt in Italien eigentlich immer auf den Tisch: Es gibt so gut wie keine Mahlzeit, zu der nicht Brot oder brotähnliches Backwerk gereicht wird. Und so gehört natürlich auch das Brot zur Pasta wie das Salz zur Suppe.

Oftmals ist Brot sogar nicht nur eine Beilage, sondern unverzichtbarer Bestandteil des Essens, wie bei den Antipasti „Bruschetta“ oder „Crostini“. Berühmt ist auch der toskanische Brotsalat „Panzanella“, der aus eingeweichten Brotscheiben vom Vortag zubereitet wird.

Solche Gerichte sind schon deshalb oft sinnvoll, da die meisten Weißbrote am gleichen Tag, an dem sie gebacken wurden, aufgegessen werden sollten. Denn man isst in Italien fast ausschließlich Weißbrot, das aus Hefe und Mehl zubereitet wird. Deshalb trocknet es schnell aus und schmeckt dann nicht mehr.

FLADENBROTE

Fladenbrote sind die ursprünglichste Form des Brotes und stammen aus der bäuerlichen Küche verschiedener Regionen. Sie sind normalerweise zum sofortigen Verzehr bestimmt, denn sie werden schnell spröde und hart.

Für ihre Herstellung benötigt man nicht viel: Mehl, Wasser und eventuell ein bisschen Salz. Diese Zutaten werden verknetet, dünn ausgerollt und auf einer heißen Oberfläche, die aus Gusseisen, Stein oder Terracotta bestehen kann, von beiden Seiten gebacken.

Darüber hinaus gibt es aber auch dickere Fladenbrote, die mit Hefe zubereitet und im Ofen gebacken werden. Als „Focaccia“ sind diese Brote oft schon gleich mit Olivenöl und grobem Salz oder auch mit Sardinen, Zwiebeln, Oliven und Käse gebacken.

BROTE UND BRÖTCHEN

Wesentlich vielgestaltiger als Fladenbrote sind die Formen, die italienische Bäcker ihren Brötchen und Broten geben. Hier reicht das Spektrum vom rustikalen Bauernbrot über feine Kastenbrote bis hin zu Zöpfen, Kringeln oder Hörnchen. Brote in speziellen Formen werden häufig an besonderen Feiertagen zubereitet. Zur Pasta empfehlen sich vor allem die kleinen Pizza-Brötchen, die aus Pizzateig hergestellt werden.

CIABATTA

Das mit Abstand bekannteste Brot Italiens ist ohne Zweifel das „Ciabatta“, ein Landbrot von lang gestreckter Form. Der Name heißt übersetzt „Hausschuh“ – und in der Tat erinnert die Brotform manchmal an einen weichen Pantoffel.

Ciabatta wird aus weichem Hefeteig mit Olivenöl gebacken. Seine Zubereitung ist einfach, aber sehr zeitaufwändig. Denn nur durch mehrere lange Gehzeiten erhält dieses beliebte Brot seine charakteristische weiche Krume mit den großen unregelmäßigen Poren und der dünnen, weichen Kruste. Ciabatta eignet sich ideal dazu, die restliche Pastasauce vom Teller aufzutunken.

Aus Ciabatta-Teig, der aus Weizenmehl, Wasser, Hefe, Zucker, Olivenöl und Salz hergestellt wird, können auch Brötchen gebacken werden. Sie heißen Ciabattini und man erkennt sie meist an ihrer fast quadratischen Form.

Ähnlich berühmt wie Ciabatta ist schließlich noch das toskanische Weißbrot, das sich von anderen Broten dadurch unterscheidet, dass es ganz ohne Salz gebacken wird.

GRISSINIS

Weltweit beliebt sind italienische Knabberstangen, die „Grissinis“. Diese Brotspezialität aus Weißbrotteig stammt ursprünglich aus Turin, wird aber heute allerorts geschätzt. Die Italiener reichen Grissini meist zu Antipasti, während man sie andernorts auch gern zu Wein oder Bier knabbert.

Der passende Wein

Keine Pasta ohne Wasser & Wein

Wasser und Wein – das sind zwei Geschwister, die ebenfalls unabdingbar zur großen Gemeinschaft des Pasta-Tisches gehören. Denn in allen Regionen Italiens wird Wein gekeltert – und so wundert es nicht, dass der Rebensaft einfach ein Muss auf jeder italienischen Tafel ist.

Welcher Wein zu welchem Pasta-Gericht gehört, darüber lässt sich trefflich philosophieren. Grundsätzlich aber gilt: Stilvoll ist es, einen Wein aus der Region zu trinken, aus der auch das servierte Pastagericht stammt.

Dabei muss es nicht immer Rotwein sein: Auch wenn in Italien selbst mehr Rot- als Weißwein gekeltert und getrunken wird. Im Mutterland der Pasta werden auch hervorragende Weißweine hergestellt.

Wie bei allen Weinen gibt es auch bei den italienischen erhebliche Qualitätsunterschiede. Die Zeiten jedoch, als Italien vor allem für Billigweine bekannt war, sind endgültig vorbei: Der Qualitätsstandard hat in den letzten Jahrzehnten erheblich gewonnen – und so empfehlen sich heute auch bereits einfache Tafelweine (Vino da Tavola) als Pasta-Begleiter.

Temperatur

Gekühlter Wein wird bei Zimmertemperatur pro Stunde circa 2° C wärmer. Deshalb sollte Weißwein am besten in einem Kühler auf den Tisch kommen. Stilvoll sind Kühlkrüge aus Terracotta.

Die Rotweine serviert man zimmertemperiert (um 22° C), die Weißweine hingegen gekühlt (um 11 bis 13° C). Rotweine und Wasser trinkt man dabei in größeren, Weißwein hingegen in kleineren Gläsern.

WICHTIGE WEINE IM ÜBERBLICK

ROTWEIN

- BARDOLINO: Leicht und frisch, aus Venetien.
- BAROLO: Schwer, aus dem Piemont.
- CHIANTI: Trocken und fruchtig aus der Toskana. Der classico stammt aus der Region zwischen Florenz und Siena.
- DOLCETTO: Mild, aus dem Piemont.
- LAMBRUSCO: Trocken bis süß, aus der Emilia-Romagna.
- MONTEPULCINAO D'ABRUZZO: Fruchtig, aus den Abruzzen.

WEISSWEIN

- FRASCATI: Süffig, aus Latium.
- GALESTRO: Leicht, aus der Toskana.
- GAVI: Elegant, aus dem Piemont.
- PINOT GRIGIO: Spritzig, aus dem Friaul oder Trentino.

Die Flaschenbezeichnungen

Auf italienischen Weinflaschen finden sich verschiedenste Bezeichnungen und Abkürzungen. Dabei unterscheidet man folgende Weinarten:

- VINO CLASSICO: Wein aus einer bestimmten genau benannten Ursprungsregion.
- VINO SCELTO: Auslese.
- VINO DOLCE: Sehr süßer Wein.
- VINO AMABILE: Lieblicher Wein.
- VINO SECCO: Trockener Wein.
- VINO SUPERIORE: Länger gereifter Wein.

Über die Qualität geben folgende Abkürzungen Auskunft:

- DOC (Denominazione di origine controllata): Weine aus kontrollierter Herkunft eines Jahrgangs. Dabei sind nicht nur das Anbaugebiet und die Sorte festgelegt, sondern auch Trauben-Qualität, Anbau und Ernte, Verarbeitung und Lagerung sowie Alkohol- und Säuregehalt sind für die Klassifizierung ausschlaggebend.
- DOCG: Weine, die nach noch schärferen Qualitätsmerkmalen als die DOC-Weine bewertet werden und somit als geprüfte Spitzenweine gelten.
- IGT: Weine aus bestimmten Regionen eines Jahrgangs.
- VDT (Vino da Tavola): Tisch- oder Tafelweine ohne Herkunfts- und Jahrgangsbezeichnung, Weine der untersten Qualitätsstufe.

Pasta aufbewahren und aufwärmen

GUT GEKÜHLT AUFBEWAHREN

Auch in der italienischen Küche kommt es vor, dass man mal ein paar Pasta zu viel gekocht hat und einen kleinen Rest Nudeln nach dem Essen übrig behält. Pasta kann man allerdings gut aufbewahren. Dabei gelten folgende Richtwerte:

- im Kühlschrank 2 Tage
- im *- Kühlfach 7 Tage
- im **- Kühlfach 3 Wochen
- in der Tiefkühltruhe 6 Monate

Die Kunst des Erwärmens

Natürlich rümpfen Feinschmecker ein wenig die Nase, wenn es um das Aufwärmen von Nudeln geht. Aber deshalb Lebensmittel verkommen zu lassen, ist sicherlich keine Alternative. Dabei müssen aufgewärmte Nudeln nicht unbedingt schlecht schmecken. Allerdings: Wie man sie am besten erwärmt, darüber gibt es viele Meinungen. Folgende Methoden stehen zur Wahl:

- IN DER PFANNE: Etwas Olivenöl in eine breite Pfanne geben und Nudeln unter mehrfachem Wenden bei schwacher Hitze erwärmen. Alternativ kann man auch Butter verwenden.

- IN DER MIKROWELLE: Gefäß mit Nudeln und zusätzlich ein kleines Schälchen mit Wasser in die Mikrowelle geben und bei mittlerer Leistung erwärmen.

- MIT HEISSEM WASSER ÜBERGIESSEN: Bei dünnen Nudeln reicht es oft schon aus, sie in ein Sieb zu geben und kurz mit heißem oder kochendem Wasser zu übergießen. Sollten die Nudeln anschließend noch nicht heiß genug sein, die Pasta wenden und erneut heißes Wasser darüber laufen lassen.

- MIT DAMPF: Pasta in ein Sieb geben und dieses über einen Kochtopf mit kochendem Wasser halten. Gut geeignet sind Siebe mit langem Griff, die man am Topf einhängen kann. Dabei Nudeln mehrfach wenden.

Die wichtigsten Zutaten für Salsa und Sugo

Von der Natur reich beschenkt

Die Cucina Italiana ist eine besonders reiche Küche. In ihr finden unzählige Zutaten Verwendung: Von Fisch und Fleisch über die verschiedensten Gemüsearten und Kräuter bis hin zu besonderem Essig und Öl. Und natürlich spiegelt sich das gesamte Angebot der Natur, das in der Sonne Italiens zu finden ist, auch in der Pasta-Küche wider.

Je nach Region gibt es dabei unterschiedliche Schwerpunkte, und nicht alles, was in den Kochtöpfen Norditaliens zu finden ist, wird auch in der Küche Süditaliens verwendet. Umgekehrt ist dies natürlich genauso.

Nichtsdestotrotz gibt es eine ganze Reihe von Zutaten, die eine besonders wichtige Rolle bei der Zubereitung von Nudeln und Saucen sowie der Beilagen von Pasta-Gerichten spielen. Im Folgenden werden die wichtigsten Zutaten vorgestellt – das gesamte Spektrum aller Rohstoffe für jede Pasta-Köstlichkeit zu berücksichtigen, würde allerdings den Rahmen sprengen.

Öl & Essig

Öl & Essig

Auch wenn man landläufig immer von „Essig & Öl“ spricht – in der Pasta-Küche ist es angebracht, die Reihenfolge umzukehren. Denn kaum eine andere Zutat prägt die italienischen Nudelgerichte so wie das Olivenöl – das man sicherlich mit Fug und Recht als den Grundstein der Cucina Italiana ansehen darf.

Die große Bedeutung des Olivenöls soll aber nicht über die gewichtige Rolle und die Qualität der zweiten herausragenden Zutat hinwegtäuschen: dem Aceto Balsamico, jenem einzigartigen Essig, ohne den viele Kochklassiker undenkbar wären.

Olivenöl

Ohne Olivenöl läuft in der italienischen Küche – wie in der gesamten Mittelmeerküche – fast gar nichts. Und weil es so beliebt ist, nennt man es auch das „flüssige Gold Italiens“.

Seit der Antike ist bekannt, dass Olivenöl die Gesundheit fördert. Denn im Vergleich zu tierischen Fetten wie Butter und anderen Pflanzenfetten wie Margarine ist Olivenöl wesentlich gesünder und wertvoller.

Verschiedene Arten

Olivenöl ist nicht gleich Olivenöl. Neben der Art und Qualität der verwendeten Oliven bestimmt vor allem die Art der Pressung den Geschmack und den Wert eines Öls.

In Italien greift man in der Regel nur zu „extranativem Olivenöl“ und verwendet dies sowohl „roh“ als auch zum Kochen. Gegenüber anderen Fetten besteht sein Vorteil vor allem darin, dass es ausschließlich durch Kaltpressung erzeugt wird und keiner anderen Behandlung unterzogen werden darf.

Gesicherte Qualität

Die Produktion von Olivenölen wird in Italien genau überwacht. Besonders hohe Qualität weisen dabei die Öle mit geschützter Herkunftsbezeichnung auf. Man erkennt sie an den Schutzmarken DOP (Denominazione d'Origine Protetta – geschützte Ursprungsbezeichnung) – oder IGP (Indicazione Geografica Protetta – Geschützte geographische Angabe).

Durch die angegebene Ursprungsbezeichnung sollen die typi-

schen Eigenschaften des jeweiligen Anbaugebiets, aus denen ein extranatives Olivenöl stammt, geschützt werden.

Zu den bekanntesten geschützten Ölen zählen Brisighella, Colli del Trasimeno, Apruntino Pescarese und Val di Mazara. Olivenöl von höchster Qualität wird ebenfalls in zahlreichen anderen italienischen Regionen produziert: Von Ligurien im Norden über die Toskana und Apulien bis Lukanien in Süditalien.

Die Olivenöle weisen je nach Herkunft mitunter sehr unterschiedliche Eigenschaften auf.

Olivenöl richtig testen

Den Geschmack eines Olivenöls testet man am besten mit einem Stück Weißbrot, das möglichst neutral schmecken sollte (also z.B. kein mit Olivenöl gebackenes Bruschetta verwenden). Man träufelt etwas Öl auf einen kleinen Teller und tränkt dann das Weißbrot mit dem Öl. Wer verschiedene Öle testen möchte, sollte zwischendurch einen Schluck kohlensäurearmes Wasser trinken.

Bio-Olivenöl

Seit einiger Zeit sind auch biologische Olivenöle auf dem Markt erhältlich. Diese Öle stammen aus Hainen, die weder mit chemischen Düngern noch mit Schädlingsbekämpfungsmitteln behandelt werden.

Von Gegend zu Gegend ändern sich die grundlegenden Merkmale eines Öls: Die Farbe reicht von strohgelb bis grün, der Geschmack erinnert nicht nur an frische Oliven, sondern ist manchmal auch fruchtig oder ähnelt dem bestimmter Gemüsearten. Das Aroma kann schließlich mehr oder weniger ausgeprägt sein.

Aceto Balsamico

Der berühmte Balsamessig ist ein grundlegender Bestandteil der italienischen Küche. Er wird ausschließlich in der Provinz von Modena nach einem seit Jahrhunderten unveränderten Verfahren in speziellen „Essigkellern“ (acetaia) hergestellt.

Vorzugsweise wird der hochwertige Aceto Balsamico aus lokalen Weintrauben gewonnen, insbesondere aus Lambrusco und Trebbiano. Als gekochter Most reifen die Trauben in den für

Aceto Balsamico charakteristischen kleinen Fässern.

Anschließend geht es ans Keltern des Mostes, der dabei so lange gekocht wird, bis sich sein Volumen etwa auf die Hälfte reduziert hat. Dann füllt man ihn in die „Batterie" – dieser Begriff bezeichnet eine Serie kleiner Fässer aus Eichen-, Maulbeerbaum-, Kastanien- oder Kirschholz, in denen die Essigsäuregärung und die jahrzehntelange Lagerung stattfindet.

Jedes Jahr wird der Essig umgefüllt, ein wahres Ritual: Aus dem kleinsten Fass der Batterie sticht man den zum Verzehr bestimmten Essig ab und das größte Fass wird erneut mit gekochtem Most aufgefüllt. Den Rest besorgt die Zeit, aber auch die Geduld des Essigherstellers, der die Vorgänge in der Acetaia verfolgt.

Lange Lagerung sorgt für Qualität

Für die Qualität des Balsamessigs sind zahlreiche Faktoren verantwortlich, die Alterung spielt dabei die wichtigste Rolle. Zwölf Jahre reichen für einen guten „jungen" Balsamessig aus – er ist bereits eine Gaumenfreude. Im Vergleich mit einem 25 oder 50 Jahre alten Balsamessig hingegen wird der Unterschied ganz deutlich – der Genuss wächst unaufhörlich.

Gemüse

Der Reichtum der Natur

Italiens Küchen verfügen über einen unglaublichen Reichtum an unterschiedlichen Gemüsearten, die sowohl für eigenständige Gerichte als auch als Grundzutaten diverser Pastasaucen dienen.

Begünstigt von der Natur, dem Klima und den Böden gedeihen vom Norden des italienischen Stiefels über die fruchtbaren Felder Mittelitaliens bis in die südlichste Spitze von Sizilien alle erdenklichen Sorten: Tomaten, Artischocken, Bohnen, Erbsen, Spargel, Kohl, Kürbis, Zucchini, Paprika, Auberginen, Fenchel, Steinpilze und Trüffel.

Italienische Gemüsegerichte sind berühmt – nicht nur wegen ihrer Einfachheit, sondern vor allem, weil man ausschließlich marktfrische Produkte für die Zubereitung akzeptiert.

Die Favoriten unter allen Gemüsesorten sind ohne Zweifel Tomaten. Keine andere Sorte ist so eng mit der Vorstellung von italienischer Küche verbunden. Häufige Verwendung bei verschiedensten Pastarezepten finden aber auch Steinpilze als eine besondere und sehr exklusive typische italienische Zutat sowie Zucchinis, die vor allem sehr gesund sind und sich hervorragend mit Pasta verbinden.

POMODORI: TOMATEN

Tomaten sind saftige, rote Kernfrüchte zentralamerikanischen Ursprungs. Auf italienisch heißen sie „Pomodori“, was so viel bedeutet wie Äpfel aus Gold. Angebaut werden sie in ganz Italien, vorwiegend jedoch im Süden, aber auch in der gesamten Poebene.

Wahre Kenner stimmen darin überein, dass jedes Rezept mit der richtigen Tomatensorte zubereitet werden sollte. Und dank des technischen Fortschritts beim Anbau ist es heute möglich, zu jeder Jahreszeit frische Tomaten zu kaufen.

Die weitverbreitetsten Tomatensorten sind San Marzano und Pachino, aber auch Cocktailtomaten und gerippte Tomaten.

Gehäutete Tomaten

Wann immer Tomaten auf der Zutatenliste für Salsa oder Sugo stehen, sollten sie vor dem eigentlichen Kochen der Saucen gehäutet werden. Alles was man dazu braucht, sind ein scharfes Messer und kochendes Wasser.

Während das Wasser zum Kochen gebracht wird, befreit man die Tomaten vom grünen Stielansatz und schneidet sie dann oben kreuzförmig einen halben Zentimeter ein. Jetzt kommen die Tomaten für gut 1 Minute in kochendes Wasser. Am einfachsten taucht man sie mit einer Schöpfkelle ein.

Cuore di bue

Eine italienische Spezialität sind gratinierte Tomaten, die so genannten „Cuore di bue". Übersetzt bedeutet dies so viel wie „Ochsenherz". Dazu schneidet man die Tomaten der Breite nach durch und nimmt etwas vom Fruchtfleisch heraus. Dann mischt man das Fruchtfleisch mit Semmelbröseln, Petersilie und Knoblauch, füllt alles wieder in die Tomate hinein und lässt diese in einer Auflaufform bei 180–200 °C im Backofen gratinieren.

Nach dem heißen Bad lässt man die Tomaten kurz abkühlen. Dann nimmt man an den eingeschnittenen Kreuzen mit einem Messer die Haut auf und zieht diese nach unten hin ab.

Entscheidend ist, wie lange die Tomaten im heißen Wasser bleiben: Taucht man sie zu kurz ein, trennt sich die Haut nicht vom Fruchtfleisch. Lässt man sie zu lange im Wasser, wird das Tomateninnere weich und das Abziehen gestaltet sich dementsprechend wesentlich schwieriger. Zum Weiterverarbeiten werden der Stielansatz und üblicherweise die Samen entfernt.

San Marzano & Co

Gut geeignet für Tomatensaucen aller Art ist die italienische Tomatensorte „San Marzano" mit ihrer charakteristischen Flaschenform. In ihrem Mutterland setzt man sie nicht nur zum

Kochen ein: Die San Marzano-Tomate kann auch als Salat oder auf einer klassischen Bruschetta gegessen werden. Dazu gibt man sie klein gewürfelt mit Knoblauch und einigen Tropfen Olivenöl auf eine Scheibe geröstetes Brot.

Neben der San Marzano-Tomate ist die „Ventura" die meist verkochte Sorte Italiens. Beide Arten eignen sich auch besonders für „Pomodoro Pelati", Dosentomaten also, die man jederzeit an Stelle der gehäuteten frischen Tomaten für das Kochen von Pastasaucen verwenden kann.

Einen sehr intensiven Tomatengeschmack kann man zudem durch Tomatenmark erreichen, das in die Sauce gerührt wird. Aber Vorsicht: Das richtige „Würzen" mit Tomatenmark will gelernt sein. Grundsätzlich gilt am Anfang: Lieber zunächst etwas weniger nehmen, dann abschmecken und nötigenfalls noch etwas hinzufügen.

KLEINE LECKEREIEN

„Cocktail-" oder „Pachino-Tomaten" werden in Mittel- und Süditalien angebaut. Sie schmecken nicht nur köstlich, sondern lassen sich auch bestens als Garnitur zum Verschönern von angerichteten „Pasta-Tellern" verwenden.

Man sollte sie auch mit Pasta versuchen, mit Öl, einer in Salz eingelegten Sardelle oder zu Zucchini. In allen Kombinationen sind diese winzigen Tomaten ein geschmacksintensives Konzentrat südlicher Aromen.

Steinpilze & Co

Getrocknete Steinpilze

Außerhalb der Pilzsaison erhält man getrocknete Steinpilze im Glas. Diese Konservenpilze stehen geschmacklich den frischen kaum nach. Die getrockneten Pilze sollten vor dem Kochen gut 1 bis 2 Stunden gewässert werden.

Unbestrittener König unter den Pilzen in der Cucina Italiana ist der Steinpilz, der sich durch eine angenehme Konsistenz und ein wunderbares Aroma auszeichnet. Mit seinem charakteristisch runden Hut, der bei Regen glitschig wird und trocken dazu neigt, hart und rissig zu werden, sieht er genauso aus, wie man sich einen Pilz vorstellt. Steinpilze wachsen dabei in ganz Italien, vorzugsweise in Nutzwäldern mit hohen Stämmen.

Auch wenn man Steinpilze normalerweise alle mit demselben Namen bezeichnet und sie der gleichen Familie angehören, existieren dennoch verschiedene Arten. Der bekannteste Typ ist der „Boletus Edulis“, der im Herbst die Sammelkörbe füllt, aber man sollte auch den „Boletus Aestivalis“ nicht vergessen, der in der Regel die Saison eröffnet, manchmal sogar schon im Mai. Waldliebhaber haben diesem Pilz, je nach Region, zahlreiche andere Namen verliehen wie z.B. „brisa“ oder „cuzzolotto“ und unzählige andere Begriffe, die dem Vokabular der Pilzsammler angehören.

STEINPILZE ALS ANTIPASTI

Rohe Steinpilze isst man in Italien gern als Antipasti: Den Hut vorsichtig vom Stiel lösen und in dünne Scheibchen schneiden. Diese strahlenförmig auf einem Teller anrichten und mit Olivenöl beträufeln. Dann eine Prise Pfeffer und einige Hobel gealterten Parmigiano Reggiano hinzufügen und alles kalt servieren.

Neben den Steinpilzen sind auch die braunen und weißen Champignons aus der Pasta-Küche nicht mehr fortzudenken. Ihr großer Vorteil: Sie sind preiswerter. Außerdem kocht man auch in Italien mit allen anderen gängigen Pilzarten wie z.B. Pfifferlingen oder Morcheln.

Vor dem Kochen sollten alle Pilze gesäubert werden. Hier ist es ratsam, sie sorgfältig mit einer weichen Bürste abzureiben. Möglich ist auch das Abreiben mit einem ganz leicht angefeuchteten Tuch. Keinesfalls sollte man aber die Pilze unter Wasser säubern. Nach dem Reinigen werden dann die Stiele mit einem kleinen Messer abgeschabt.

Zucchini

Zucchini sind die Früchte eines mittelamerikanischen Kürbisgewächses, das gemäßigtes warmes Klima mit viel Sonne und wenig Wind liebt. So finden Zucchini an vielen Orten Italiens einen optimalen Lebensraum.

In ganz Italien werden unterschiedliche Zucchini-Sorten angebaut, von der „Striata d'Italia" mit ihrer länglichen Form und den charakteristischen Streifen bis zur „Verde di Milano" mit dem festen Fruchtfleisch, der „Faentina" mit ihrer Keulenform und hellen Farbe und der „Rigata Pugliese", der „Veneziana" oder der „Bianca Sarda".

Frisch kommt dieses Gemüse aus Italien vom Spätfrühjahr bis Sommer auf den Tisch. Zu allen anderen Jahreszeiten ist

Zucchini allerdings als Importware überall erhältlich.

Zudem kommen im Frühjahr Zucchini häufig mitsamt der gelben Blüte auf den Markt. Diese wiederum eignet sich hervorragend zum Füllen oder – in einem Ausbackteig – zum Frittieren.

Viel Aufwand ist beim Vorbereiten der Zucchini für die Küche nicht nötig: Die Früchte muss man nur gründlich waschen und von Stiel- bzw. Blütenansatz befreien. Letzteres ist allerdings nicht erforderlich, wenn man die Zucchini füllen möchte.

Anschließend gibt es viele Möglichkeiten, sie zuzubereiten. Eigentlich genügt es, die zerkleinerten Zucchini in etwas Olivenöl mit Salz und Pfeffer kurz anzubraten – und schon schmecken Pasta, ganz gleich ob Spaghetti oder Tortellini, einfach wunderbar.

Zucchini sind ausgesprochen gesund: Sie haben einen äußerst geringen Kaloriengehalt (14 Kalorien pro 100 g) und einen hohen Gehalt an Kalium (200 mg pro 100 g). Außerdem sind sie ein wichtiger Vitaminlieferant. Sie enthalten vor allem Vitamin K und C.

Spinat

Der Spinat gehört zu der Familie der Gänsefußgewächse (bot.: Chenopodiaceae) und ist als Gemüse auch in der italienischen Küche sehr beliebt: für überbackene Aufläufe - auch in Lasagne oder Cannelloni - steht er hoch im Kurs, ebenso wie zum Füllen verschiedenster Teigtaschen oder zum Färben von Nudeln.

Frischer Spinat wird entweder mit (Wurzelspinat) oder ohne Wurzel (Blattspinat) angeboten. Er ist das ganze Jahr erhältlich: vom zarten Frühjahrs- und Sommerspinat bis zum gröberen Winterspinat. Frühlings- und Sommerspinat haben sehr zarte Blätter, die sich roh gut als Salat eignen. Herbst- und Winterspinat eignen sich, mit ihren kräftigen und oft leicht gewellten Blättern eher zum Blanchieren.

Nicht aufwärmen

Spinat sollte immer nur einmal gekocht und nicht wieder aufgewärmt werden, da sich sonst aus dem Nitrat das gesundheitsschädliche Nitrit bildet.

In Butter, Schalotten und Knoblauch geschwenkt ist frischer Spinat eine Delikatesse. Roher, pürierter und passierter Spinat ist zudem ein ausgezeichnetes Färbemittel für hausgemachte Pasta.

Neben seinem hohen kulinarischen Genuss ist Spinat zusätzlich ein Gemüse mit hohem Mineralstoff- und Vitamingehalt. Leider reichert er auch Nitrat und Oxalsäure an.

Frischer, junger Spinat muss außerdem sorgfältig verlesen und in viel kaltem Wasser gründlich gewaschen werden bevor er sich zum Verzehr eignet.

KAPERN

Kapern sind die Blütenknospen des Kapernstrauchs, der in vielen Regionen Süditaliens wild wächst oder angebaut wird. Besonders schmackhafte Kapern kommen von den Liparischen Inseln nördlich von Sizilien und von der Insel Pantelleria westlich von Sizilien.

ZULETZT ZUGEBEN

Kapern sollten immer erst kurz vor Ende der Garzeit zum Gericht zugegeben werden. Sie verlieren bei längeren Kochzeiten ihr Aroma.

In der Antike wurden Kapern nicht nur wegen ihrer gastronomischen Vorzüge geschätzt, sondern auch aufgrund ihrer harntreibenden, verdauungsfördernden und sogar aphrodisischen Eigenschaften in der Heilkunde verwendet.

Nach der Ernte, die noch heute von Hand erfolgt, behandelt man Kapern zunächst einige Tage mit Meersalz. Erst nachdem sie auf diese Weise ihren äußerst bitteren Geschmack verloren haben, werden die Kapern schließlich zur Konservierung in Salz oder Salzlake eingelegt.

Aufgrund dieser Konservierungsmethode spült man Kapern besser sorgfältig ab, bevor man sie zum Kochen verwendet. Mit Kapern zubereitete Speisen salzt man außerdem auch nur äußerst sparsam.

Kapern passen besonders gut zu Tomaten und Oliven. Pasta- oder Hauptgerichte, die sonst etwas farblos ausfallen würden, erhalten mit Kapern eine pfiffige Note.

Die Kombination mit Sardellen ist der schlagende Beweis dafür, dass sich Kürze und Würze auch in der Mittelmeerküche reimen können. Noch bevor das Pastawasser den Siedepunkt erreicht hat, ist dieses einfache, aber köstliche Rezept zubereitet: Die Sardellen in eine Pfanne mit Olivenöl geben, eine Knoblauchzehe und einige Kapern hinzufügen. Dann rühren, bis die Sardellen eine Creme bilden. Vor dem Servieren die bissfeste Pasta (ideal sind hierzu Fusilli) kurz in der Sauce sautieren.

Knoblauch & Zwiebeln

Allium sativum, so der lateinische Name von Knoblauch, gehört in die Familie der Lauchgewächse und ist daher ein enger Verwandter von Zwiebeln, Schalotten, Schnittlauch und Porree. Er ist zusammen mit der Zwiebel eine unverzichtbare Zutat vieler Gerichte der italienischen Küche.

Knoblauch ist eine etwa 70 Zentimeter hohe Pflanze, die aus einer Knolle mit einem röhrenförmigen Stiel und dünnen, langen Blättern besteht. Die Knolle wiederum setzt sich aus einer eiförmigen Hauptzwiebel und etwa 12 Nebenzwiebeln, die man Zehen nennt, zusammen.

In der Küche ist Knoblauch ein Universalgewürz für alle pikanten Gerichte. Unter den Pastagerichten sind zweifellos die Spaghetti mit Knoblauch, Öl und Peperoncino, die so genannten „Spaghetti aglio, olio e peperoncino“ (siehe auch S. 190) der unbestrittene Klassiker.

Knoblauch verleiht auch vielen Hauptgerichten mehr Geschmack. Es reicht, Knoblauch und Basilikum einige Augenblicke in den Mixer zu geben, um eine hervorragende Gewürzmischung zu erhalten, mit der man beispielsweise ein saftiges Fleischstück in der Pfanne schwenken kann. Auch Öl und Essig lassen sich prima mit Knoblauch aromatisieren. Man zerhackt einige Zehen Knoblauch und lässt sie einige Wochen in Essig oder Öl ziehen.

In Italien bereitet man Knoblauch aber auch „in camicia“ (wörtlich: „im Hemd“) zu. Dabei werden die Zehen ganz und mit Schale gekocht oder geschmort, um allzu intensiven Geschmack zu vermeiden. Den vollsten Genuss des Dufts erhält man, wenn man frischen Knoblauch verwendet.

Zum Kochen drückt man die geschälten Knoblauchzehen in der Regel durch eine kleine Knoblauchpresse. Doch es geht auch viel einfacher. Die schnellste Zubereitungsart ist, den geschälten Knoblauch in dünne Scheiben zu schneiden und diese dann mit Salz zu bestreuen. Das Salz weicht die Struktur des Knoblauchs innerhalb weniger Minuten auf.

Dann kann man die Scheiben ganz einfach mit einem Messerrücken zerdrücken. Dieser „Knoblauchbrei" lässt sich sehr gut in Saucen rühren und perfekt dosieren. Allerdings muss man anschließend mit dem Salzen etwas vorsichtig sein, denn das Salz im Knoblauch geht nicht verloren.

Eine praktische Lösung beim Kochen ist Knoblauch in Pulverform. Dieser behält übrigens sein Aroma länger, wenn man seinen Behälter vor Licht- oder Wärmequellen abschirmt.

Knoblauch kann unter Umständen schwer verdaulich sein. Schuld daran ist das in den duftenden Zehen enthaltene Allizin. Wenn man aber den zentralen grünen Sprössling aus den Zehen entfernt, ist das Problem häufig gelöst.

Oliven

Oliven sind ein grundlegender Bestandteil der italienischen Küche – und dies nicht nur in Form von Olivenöl, das aus der Mittelmeerküche nicht wegzudenken ist. Oliven selbst sind eine geschmacksprägende Zutat für zahlreiche Speisen.

Der Geschmack variiert dabei grundlegend von Cultivar zu Cultivar, wie die Fachleute die verschiedenen Olivensorten nennen. Bekannt ist z.B. die Olivensorte „Bella di Cerignola", aus der zahlreiche apulische Öle gewonnen werden. Hoch geschätzt werden in Italien die erlese Sorte „Nocellara del Belice" und Oliven aus Taggia, die sich durch sehr milden Geschmack und knackiges Fruchtfleisch auszeichnen.

Eine vollständige Liste der Oliven müsste jedoch mindestens weitere siebenhundert Cultivar enthalten: Ein konkreter Nachweis für die jahrtausendealte Geschichte dieser Kultur- und Nutzpflanze in Italien.

Der Olivenbaum, an dem die Frucht wächst, ist

äußerst kälteempfindlich. Durch einen einzigen Frost kann eine gesunde Pflanze bereits absterben. Darüber hinaus richtet die lästige Olivenfliege beträchtliche Schäden an den Pflanzen an, sodass die Erzeuger gezwungen sind, Schädlingsbekämpfungsmittel einzusetzen.

Die Olivenernte erfolgt von Hand. Dabei schüttelt man die Zweige mit langen Stangen oder setzt spezielle Schüttelmaschinen ein, die die Oliven vom Baum rütteln.

In der Küche findet man Oliven häufig für die Zubereitung schmackhafter Saucen wieder, beispielsweise in einer klassischen Thunfischsauce mit Oliven, die ausgezeichnet zu Pipe Rigate passt. Ein weiteres typisches Gericht der mediterranen Tradition sind Bavettine mit Kapern, Oliven und Sardellen. Eine besondere Zubereitungsart Mittelitaliens sind Oliven nach Ascolaner Art, „Olive ascolane“: Entsteinte Oliven mit Fleischfüllung, die in Teig gewendet, paniert und heiß frittiert serviert werden.

Lange Geschichte

Der Olivenbaum ist seit jeher Bestandteil der mediterranen Kultur. Bei den Griechen war er Athene, bei den Römern der Minerva geweiht und seine Zweige kränzten wie Lorbeer das Haupt der siegreichen Feldherren.

Kräuter & Gewürze

Garanten des feinen Geschmacks

Kräuter werden in der italienischen Küche eigentlich immer und am liebsten frisch verwendet. Stets vertreten und ein Muss in der Küche sind Rosmarin, Basilikum, Salbei, Oregano und Petersilie. Wer keine frischen Kräuter zur Verfügung hat, kann natürlich auch getrocknete benutzen. Dabei darf man allerdings bei der Dosierung nicht vergessen, dass diese intensiver schmecken als frische. Übrig gebliebene frische Kräuter können auch portionsweise eingefroren werden – vorher jedoch waschen und eventuell zerkleinern.

Basilikum

Unter den Kräutern, die Saucen und Gerichten ein besonderes Aroma verleihen, nimmt Basilikum eine besondere Rolle ein. Sein Name stammt von dem griechischen Wort „basilikon“ ab, das „königlich“ bedeutet – und so ist auch seine Bedeutung in der Cucina Italiana einzustufen.

Basilikum wird in ganz Italien hoch geschätzt. In Ligurien existiert sogar eine speziell dem Basilikum gewidmete Vereinigung, deren Ziel die Förderung des Basilikums in der lokalen Gastronomie ist. Und in Diano Marina, einer Ortschaft in Ligurien, wird dem Basilikum zu Ehren ein beliebtes Fest veranstaltet.

Die Heimat des Basilikums liegt in Vorderindien, aber schon zu Zeiten der Römer wurde es in Italien angepflanzt. Basilikum ist eine einjährige Pflanze mit großen, kräftig grünen, ovalen Blättern.

Je intensiver die Sonneneinstrahlung auf die Pflanzen ist, desto intensiver ist ihr Aroma. Basilikum schmeckt süßlich-würzig und angenehm pfeffrig. Dadurch verleiht es den Speisen ein frisches Aroma. Die Blätter können sowohl frisch als auch getrocknet verwendet werden. Getrockneter Basilikum hat allerdings ein weniger intensives und leicht kratziges Aroma.

In der Pflanzenheilkunde und in der Chemie wurde auf alle Arten versucht, die rätselhafte Natur und die Geheimnisse des einzigartigen Geschmacks des Basilikums aufzudecken. Dabei kam man zu dem Ergebnis, dass mindestens zwanzig aromatische Komponenten seinen Duft bestimmen und diesen – je nach ihrer quantitativen Zusammensetzung – abwandeln.

So hat jede Sorte ein eigenes, charakteristisches Aroma, das mal mehr an Zitrone oder mal mehr an Minze erinnern kann.

Seine grüne Farbe kann übrigens an Stelle des Spinats zur Färbung von Eierteigwaren eingesetzt werden. Dazu müssen für jedes Kilo Mehl 100 Gramm pürierte Basilikumblätter in den Teig eingearbeitet werden.

Die Pflanzen sind überall im Handel erhältlich und lassen sich in der warmen Jahreszeit leicht auf dem Balkon oder im Garten selbst ziehen. Die Blätter kann man auf Vorrat einfrieren, um auch in den kalten Wintermonaten den Bedarf an Basilikum in der Küche zu decken.

OREGANO

Oregano ist das klassische Gewürz der italienischen Küche. Ob für Pasta und Pizza, für fruchtige und würzige Saucen – ohne das buschige, blattreiche Kraut sind sie kaum vorstellbar. Denn Oregano ist die Hauptzutat jeder italienischen Kräutermischung, die außerdem Paprika, Pfeffer, Thymian sowie manchmal auch Salz und Chili enthält.

Oregano schmeckt würzig, herb-bitter, aber auch angenehm frisch. Es hat einen sehr intensiven Geruch und ist in der Mittelmeerregion heimisch. Sein Aroma wird umso intensiver, je mehr es der Sonne ausgesetzt ist.

Die Legende besagt, dass Oregano von der griechischen Göttin Aphrodite geschaffen wurde – und zwar als Symbol der

Freude. Daraufhin bekränzte man Brautpaare mit Oregano. Außerdem glaubte man, das Kraut sei ein sicheres Mittel, um die Liebe des Bräutigams zu festigen.

Der Geruch und Geschmack von Oregano wird durch die ätherischen Öle Carvacrol und Thymol bestimmt und ist dem von Majoran ähnlich. Majoran und Oregano sind sogar verwandte Arten. So wird Oregano manchmal auch „Wilder Majoran" genannt. In der Küche passen diese Kräuter aber nicht sonderlich gut zusammen.

Die Blätter des Oregano können frisch oder getrocknet verwendet werden. Frischen Oregano sollte man möglichst eingeschlagen in feuchtes Küchenpapier und in einem Gefrierbeutel im Gemüsefach des Kühlschrankes aufbewahren. So hält er sich auf jeden Fall drei bis vier Tage.

Das Aroma von getrocknetem Oregano ist intensiver als das von frischem. Es entwickelt sich beim Kochen am besten, wenn es nur kurz mitgart.

Petersilie

Die italienische Variante der Petersilie ist im Gegensatz zur deutschen nicht kraus, sondern glatt. Die mediterrane Sorte schmeckt wesentlich intensiver und wird in der Küche so häufig als Aromaverstärker eingesetzt. Trotzdem ist sie aber so mild im Geschmack, dass man sie auch in größerer Menge verarbeiten kann. Da die Stängel zarter im Geschmack sind, lassen sich bei Gerichten, die kein allzu intensives Aroma vertragen, die Blätter durch die Stängel ersetzen.

Rosmarin

Schon in der Antike war Rosmarin ein heiliges Kraut. Es war der Göttin Aphrodite geweiht und galt als Fruchtbarkeitssymbol, allgemein jedoch betrachtete man es als Sinnbild für Treue und Verlässlichkeit - und sein Verzehr sollte das Gedächtnis stärken.

Heute zählt Rosmarin zu den klassischen Gewürzen der italienischen Küche. Gern würzt man Wild, Lamm, Geflügel und Schweinefleisch mit seinen Blättern. Ausgezeichnet passt er aber auch zu fruchtigem Gemüse wie Tomaten, Zucchini und Auberginen.

Die Heimat des Rosmarins ist die gesamte Mittelmeerregion, wo er immer noch wild wächst. Es ist ein immergrüner Halbstrauch, der keinen Frost mag. Die Blätter erinnern in ihrer Form ein bisschen an Tannennadeln. Rosmarin liebt die Sonne und mag es nicht zu nass - ein richtiger Südländer eben.

Der Geschmack von Rosmarin ist harzig und würzig, frisch riecht er äußerst aromatisch. Getrocknet sollte er nur sparsam eingesetzt werden, da er sonst schnell herb und bitter schmeckt. Rosmarin sollte man frühzeitig zum Gericht geben und vor dem Servieren die Zweige wieder entfernen.

Ein besonderer Clou: Frische Rosmarinzweige eignen sich hervorragend als Spieße für Fleisch oder Gemüse. Das sieht gut aus und würzt gleichzeitig.

Auch Rosmarin gibt es wie die anderen typisch italienischen Kräuter so gut wie in jedem größeren Supermarkt zu kaufen.

Natürlich wird Rosmarin auch als Heilmittel angewandt: Er hilft bei Erschöpfungszuständen und wirkt ausgleichend auf Nerven und Kreislauf. Auch gegen Magen- und Kopfschmerzen wird er manchmal eingesetzt. Als Salbe hilft Rosmarin bei Rheuma, Nervenentzündungen und Krämpfen.

Meertau: Eine fast lateinische Bezeichnung

Das Wort Rosmarin setzt sich aus den beiden lateinischen Wörtern „Ros“ und „Marinus“ zusammen – sie heißen übersetzt „Tau“ und „Meer“. Daher kommt auch der manchmal für Rosmarin auftauchende Name „Meertau“.

Salbei

Tortellini mit Salbeibutter, Saltimbocca und Polenta mit Gorgonzola und Salbei – das sind absolute Klassiker der Cucina Italiana. Ihren typischen Geschmack entwickeln diese Gerichte vor allem durch die Kräuterwürze des Salbei – der ebenfalls zu den traditionellen italienischen Gewürzen zählt.

Salbei erkennt man an seinen ovalen und leicht behaarten Blättern, die reich an ätherischen Ölen sind, vor allem an Thujon. Die Blätter duften äußerst aromatisch und schmecken frisch, würzig und leicht bitter.

Nimmt man zuviel des guten Gewürzes, kann es fast seifig schmecken. Deshalb sollte man darauf achten, es immer sparsam zu verwenden – die Würzkraft des Salbeis ist enorm. Ein besonders volles Aroma entwickelt er vor allem, wenn man ihn direkt im Fett brät.

Neben seiner Verwendung in der Küche – Salbei passt übrigens nicht nur zu Pasta, sondern auch hervorragend zu Tomaten und Kartoffeln sowie zu Hackfleisch und Geflügelfüllungen – ist Salbei aber auch für seine Heilkraft berühmt. Man denke nur an die vielen Salbeibonbons, die man bei Halsschmerzen lutscht.

Thymian

Thymian in seinen vielfältigen Sorten ist ein weiterer Grundstein der Pastaküche. Einige Arten haben graugrüne Blätter und einen stechenden Geschmack, andere hingegen dunkelgrüne Blätter und ein flüchtigeres Aroma.

Neben dem Geschmack kommt dem Aroma des Thymians besondere Bedeutung zu. Prägend sind hier seine ätherischen Öle, vor allem Thymol und Carvacrol. Der Geruch ist dabei stets sehr intensiv. Während beispielsweise wilder Thymian stark-würzig und herb ist, gibt Zitronenthymian beim Erhitzen ein zart zitroniges Aroma frei.

Thymian passt hervorragend zu fruchtigen Saucen und Suppen, aber auch zu Salaten, zu Fleisch- und Kohlgerichten sowie zu Fischterrinen. Gemüsesorten wie Zucchini, Auberginen und Tomaten werden gern mit Thymian gewürzt. Dabei reicht meist eine kleine Menge des Krauts aus, das man ohne weiteres auch längere Zeit mitkochen kann.

Peperoncini

Rote und grüne Chilies, auf italienisch „Peperoncini“, werden vor allem in Süditalien geschätzt und als Scharfmacher für nahe-

ENTSCHÄRFEN

Wenn man die Schärfe der kleinen scharfen Schoten etwas abmildern möchte, sollte man Samen und Scheidewände sorgfältig entfernen.

zu alle Speisen eingesetzt – wobei die Schoten zum Teil höllisch scharf sind.

Peperoncini gehören zu den Paprikagewächsen und wurden erst nach der Entdeckung der Neuen Welt nach Europa gebracht. In Italien kultiviert man sie sogar erst seit dem 19. Jahrhundert. Und seitdem werden sie auch kulinarisch in der Cucina Italiana geschätzt.

Man unterscheidet in Italien zwischen den größeren Peperoni, den milden Gemüsepaprika, und den kleineren Peperoncini, die als Gewürzpaprika verwendet werden. Vor allem in Kalabrien liebt man sie, und oft stehen hier in den Restaurants sogar getrocknete Chilies neben Pfeffer und Salz zum Nachwürzen auf dem Tisch. Und in Kalabrien gibt es nicht nur ein

jährliches Peperoncini-Festival, sondern sogar ein eigenes Museum für die scharfe Frucht.

Selbst einfachen Gerichten wie etwa einem Teller Pasta mit Knoblauch und Olivenöl geben Peperoncini einen besonderen Pfiff und intensivieren den Geschmack nachhaltig.

Pinienkerne

Pinienkerne reifen in den Zapfen von Pinienbäumen, die man auch Schirmkiefer nennt. Die Kerne müssen von Hand aus den Zapfen herausgelöst werden, weshalb sie nicht gerade preiswert sind.

In der italienischen Küche kocht man oft und gerne mit Pinienkernen. So sind sie fester Bestandteil vieler Pastasaucen – man denke nur an das berühmte „Pesto alla genovese" (siehe auch Seite 192). Man verfeinert aber auch andere Gerichte der Cucina Italiana mit den kleinen gelbgoldenen Zutaten: So reicht man in Genua Fisch gerne mit einer „salsa di Pinoli", benutzt die Kerne in Sizilien für pikante Füllungen mit Reis und Rosinen oder verfeinert mit ihnen in ganz Italien Süßspeisen.

Die Kerne schmecken süßlich-harzig und sind sehr gesund: Sie enthalten die Mineralstoffe Calcium, Eisen und Phosphor sowie Vitamine der B-Gruppe und Vitamin A.

Da Pinienkerne relativ fetthaltig sind, werden sie leicht ranzig. Daher sollte man besser nur kleine Mengen kaufen und diese kühl und vor allem nicht zu lange aufbewahren.

Weitere Zutaten

DEN URSPRÜNGEN TREU GEBLIEBEN

Ob Fenchel oder Mangold, Kartoffeln oder Möhren, Erbsen oder Bohnen: Trotz der Bedeutung von Tomaten, Basilikum & Co gibt es unzählige weitere Gemüsearten und Kräuter, die die Pastaküche bereichern.

Ursprünglich spielten dabei die Regionen, in denen diese Zutaten angebaut wurden, eine entscheidende Rolle. Oftmals gab es nur dort, wo bestimmte Gemüsearten angebaut wurden, entsprechende Rezepte. Heute allerdings wird in ganz Italien mit allen möglichen Zutaten gekocht – und dabei setzen sich vor allem die regionalen Spezialitäten durch, die sich auch in ihren Ursprungsregionen großer Beliebtheit erfreuen.

Aber anders als in anderen mitteleuropäischen Ländern ist man dabei weitgehend den heimischen Früchten der Natur, die auf dem Stiefel gedeihen, treu geblieben. Exoten sucht man in der Cucina Italiana meist vergebens. Dafür allerdings kocht man hier zudem mit einer Zutat, die man in vielen anderen Ländern kaum auf der Zutatenliste findet: Fisch, allen voran Sardellen.

Sardellen & Anchovis

So sind Sardellenfilets aus der Cucina Italiana nicht fortzudenken. Sie fungieren in erster Linie als Würzmittel. Man baut sie sogar ausgesprochen gern in die unterschiedlichsten Rezepturen ein. Vor allem in Süditalien und auf Sizilien kennt man eine Reihe traditioneller Gerichte, die ohne Sardellen nicht auskommen. Doch auch in Mittel- und Norditalien weiß man die kleinen Fische als Pastazutat seit Jahrhunderten zu schätzen.

Die Sardellen werden nach ihrem Fang meist roh in Salz oder Öl eingelegt und sind unter der Bezeichnung „Acciughe“ im Handel erhältlich. Zudem sind unter dem Namen „Anchovis“ Sardellen im Handel erhältlich, die meist mit Würzsaucen aromatisiert sind.

Dabei gilt: Je fleischiger Sardellen und Anchovis sind, um so intensiver und runder ist ihr Geschmack. Besonders ergiebig sind die in Salz eingelegten Anchovis, die aus großen Dosen einzeln oder nach Gewicht verkauft werden.

Für spezielle Rezepte richtig einkaufen

Wer nach Rezept kocht, sollte genau darauf achten, ob dort Sardellen oder Anchovis als Zutat angegeben sind. Es macht nämlich geschmacklich einen großen Unterschied, ob man gewürzte Sardellen – also Anchovis in der Dose oder als Paste in der Tube – kauft, oder ob man zu eingelegten Sardellen greift, die ohne Geschmacksverstärker, Aromen und Gewürze auskommen.

Gesalzene Sardellen sollten vor der Verwendung unter fließendem Wasser abgespült werden. Das mindert den Salzgehalt erheblich. Auch wenn man die Sardellen gut abgewaschen hat, sollte man anschließend beim Salzen des Pastagerichts vorsichtig zu Werke gehen und genau abschmecken – ansonsten besteht schnell die Gefahr, das Gericht zu versalzen. Unproblematischer ist es, in Öl eingelegte Sardellenfilets zu verarbeiten.

Zum Verfeinern von Saucen bietet der Handel zudem fertige Sardellenpaste in Tuben an. Dabei handelt es sich um eine Paste aus Sardellenfleisch, Salz und etwas Essig, die je nach Variante auch mit unterschiedlichen Gewürzmischungen verfeinert ist.

Käse

Das i-Tüpfelchen auf der Pasta

„Die Franzosen kochen mit Wasser – und Wein!“ So hat Starkoch Paul Bocuse einmal das Geheimnis der französischen Küche auf den Punkt gebracht. Und in Abwandlung könnte man für die italienische Küche formulieren: Die Italiener kochen ihre Pasta mit Wasser – und Käse! Denn ohne Käse geht in der Cucina Italiana fast gar nichts.

So gehört frisch geriebener Hartkäse zur Pasta wie das Salz zur Suppe. Eigentlich verzichtet man nur dann auf Parmesan & Co, wenn die Sauce mit Meeresfrüchten zubereitet wurde, denn der kräftige Käsegeschmack würde deren oft sehr zartes Aroma erschlagen. In allen anderen Fällen aber ist der Käse so unverzichtbar wie das obligatorische Stück Brot auf dem Tisch.

Um Pasta mit Käse zu kombinieren, bieten sich drei Möglichkeiten an: In der Regel wird der Käse zum Würzen fein und gleichmäßig über die Nudeln gerieben. Alternativ kann man ihn aber auch in hauchdünne Späne hobeln, damit er deutlicher als geschmacklicher Kontrapunkt auf der Pasta erhalten bleibt. Die dritte Alternative ist, ihn sanft in der Sauce oder über dem Auflauf zu schmelzen.

In der italienischen Küche kommt dabei nicht nur der berühmte Grana, der Hartkäse, zum Einsatz. Nicht minder wichtig sind Schnittkäse, Edelpilzkäse und Frischkäse.

Der richtige Umgang mit dem Käse

Hartkäse kauft man am besten am Stück. Erst bei Bedarf sollte man ihn reiben, denn so schmeckt er immer aromatisch und frisch.

Zur Aufbewahrung wickelt man Käse sinnvollerweise in Pergamentpapier oder in mit Löchern versehene Alufolie. So halten sich Hartkäsesorten im Gemüsefach des Kühlschranks bis zu zwei Monaten. Verschiedene Käsesorten sollten grundsätzlich einzeln verpackt werden. Weichkäse lassen sich gut einfrieren. Hartkäse ist dafür jedoch nicht geeignet, da er dadurch bröckelig wird.

Hartkäse

Hartkäse, oder in Italien „Grana", Korn, genannt, eignet sich aufgrund seiner harten Konsistenz hervorragend zum Reiben und ist daher ein gutes Würzmittel. Ein gut gereifter, perfekter Grana-Käse hat eine leicht körnige Struktur und lässt sich besser mit einem Messer in Stücke brechen als schneiden. An den Bruchflächen sieht man dann die typische blättrige Struktur.

Das Angebot an Hartkäsen ist in Italien sehr groß, aber auch international findet man in gut sortierten Fachgeschäften eine breite Auswahl. Zu den bekanntesten und wichtigsten Granas zählen dabei:

PARMIGIANO REGGIANO: Dieser auch kurz Parmesan genannte Grana ist wohl der bekannteste und sicherlich auch typischste italienische Käse für Pasta. Er ist ein halbfetter (32 % Fett in Trockenmasse, i.Tr.) und extra harter Hartkäse aus Kuhmilch, der mindestens ein Jahr, meistens aber zwei oder drei Jahre reift. Der Parmigiano Reggiano zeichnet sich durch einen würzigen und pikanten, aber keinesfalls scharfen Geschmack aus. Seine Herkunft ist die Emilia-Romagna.

Jung wird er als Tafelkäse gegessen, alt verwendet man ihn zum Kochen und als Reibkäse. Aber auch in dünne Späne gehobelt verfeinert er Salate oder Carpaccio. Gerne wird er mit dem milden Mozzarella oder anderen wenig geschmacksintensiven Käsesorten vermengt. In Italien serviert man ihn aber auch in kleinen, zerbröckelten Stücken als Appetithäppchen.

Parmigiano Reggiano erhält man eingeschweißt im Kühlregal gut sortierter Supermärkte wie auch an Käsetheken mit größerer Auswahl.

GRANA PADANO: Dieser Käse ist dem Parmesan sehr ähnlich und eignet sich ebenfalls hervorragend als Reibkäse. Grana Padano wird aus Kuhmilch hergestellt und ist mild, leicht säuerlich und aromatisch im Geschmack. Der Fettgehalt beträgt 32 % Fett i. Tr.

Noch nicht voll durchgereift kann man Grana Padano auch gut als Schnittkäse verwenden, später ist er dann nur noch als Reibkäse geeignet. Auch er stammt aus

der Emilia-Romagna, wird aber auch in der Lombardei und im Piemont hergestellt.

Grana Padano findet man ebenfalls eingeschweißt beim Discounter oder an Käsetheken. Er wird international oft als Parmesan angeboten und ist in der Regel preiswerter als Parmigiano Reggiano, da er in viel größeren Mengen hergestellt wird.

- PECORINO: Dieser ausschließlich aus frischer Schafsmilch gewonnene Käse gilt als eine der ältesten Sorten der Welt. Vermutlich zählte er bereits bei den alten Römern zu den Delikatessen. Pecorino ist dabei leicht salzig-pikant und mit etwas schärferem, intensivem Geruch.

Der länger gereifte Reibkäse ist kräftiger, aber nicht zu intensiv im Geschmack. Kommt er aus dem Latium oder aus Sardinien, heißt er Pecorino Romano, stammt er aus Sizilien, nennt man ihn Pecorino Siciliano. Der Fettgehalt liegt bei 36 % Fett i. Tr..

Jung genießt man den Pecorino zu Ciabatta oder in hauchdünnen Scheiben als Snack. Gerieben wird er über Suppen und Pastagerichte gestreut.

Pecorino Romano findet man nicht so häufig, bekommt ihn aber im Käsefachgeschäft oder im italienischen Spezialitätenhandel.

MOTASIO: Dieser würzige Hartkäse stammt aus dem Friaul und aus Venetien. Mit fortgeschrittener Reifung wird sein Geschmack immer würziger. Auch den Motasio gewinnt man aus Kuhmilch. Sein Fettgehalt liegt bei 40 % Fett i.Tr.

Jung wird der Motasio zu Brot gegessen, gereift wird er vorwiegend zum Überbacken verwendet.

Diese Spezialität findet man außerhalb Italiens meist nur in gut sortierten Käsefachgeschäften oder im italienischen Spezialitätenladen.

CACIOCAVALLO: Dieser vollfette Filata-Käse aus Kuhmilch wird in ganz Süditalien hergestellt. Er ist berühmt für seine witzige Birnenform und wird deshalb auch „der Birnenförmige“ genannt. Caciocavallo ist aromatisch, angenehm im Mund schmelzend, üblicherweise zart und überwiegend mild. Bei fortgeschrittener Reifung schmeckt er pikant.

Jung genießt man Caciocavallo zu Brot oder als Antipasto. Je älter er ist, desto weniger eignet er sich zum rohen Genuss. Dann wird er bevorzugt als Reibekäse verwendet. Sein Fettgehalt liegt bei 38 % Fett i. Tr.

PROVOLONE: Diesen Filata-Käse produziert man in ganz Italien. Jung schmeckt er mild-süßlich, etwas älter ist er butterartig und ausgereift schmeckt er pikant-herzhaft. Aufgrund seiner ausgezeichneten Schmelzeigenschaften eignet er sich hervorragend zum Überbacken von Aufläufen und Nudelgerichten. Sein Fettgehalt beträgt 44 % Fett i.Tr.

SCHNITTKÄSE

ASAGIO: Dieser halbfette Schnittkäse aus Kuhmilch (mind. 20% Fett i.Tr.) kommt aus Venetien und dem Friaul. Er schmeckt angenehm würzig, nussartig mit einem leicht zitronigen Nachgeschmack. Mittelalter Asagio passt ausgezeichnet zu Ciabatta. Alter Asagio wird vorzugsweise als Reibkäse verwendet.

- BEL PAESE: Die Bezeichnung heißt übersetzt „schönes Land“ und wurde als rahmiger Butterkäse mit zartgelber Farbe Anfang des 18. Jahrhunderts in Mailand kreiert. Sein Geschmack ist mild und säuerlich.

- FONTINA: Dieser Tafelkäse aus dem Aostatal ist ein mild-aromatischer, vollfetter Tafelkäse (45 % Fett i. Tr.). Wegen seiner Schmelzfähigkeit eignet er sich besonders gut zum Überbacken und für Fondues wie dem Fonduta, die piemontesische Variante des Schweizer Käsefondues.

- TALEGGIO: Dieser vollfette Schnittkäse aus Kuhmilch zeichnet sich durch seinen sehr feinwürzigen Geschmack aus – intensiv, nussig und frisch. Sein Geruch erinnert dezent an Kuh. Taleggio hat einen Fettgehalt von 48 % Fett i.Tr. Er wird als Tafelkäse serviert. Seine Herkunft ist ursprünglich die gleichnamige Talebene bei Bergamo, heute wird er aber auch in anderen Regionen Italiens hergestellt.

Taleggio mit Früchten und Walnussbrot gereicht ist der ideale Abschluss eines italienischen Menüs. Aufgrund seiner hervorragenden Schmelzeigenschaften wird er aber auch gerne unter verschiedene Gerichte gerührt.

FRISCHKÄSE

MOZZARELLA: Dieser vollfette Käse, der aus Kampanien und Latium stammt, zählt zu den bekanntesten italienischen Käsespezialitäten. So wundert es nicht, dass er inzwischen in ganz Italien produziert wird.

Traditionell verwendet man für die Herstellung von Mozzarella Büffelmilch. Heute jedoch wird er meistens aus Kuhmilch produziert.

Mozzarella hat einen mild-säuerlichen, milchigen bis neutralen Geschmack. Er eignet sich hervorragend zum Überbacken von Pizza und Pasta-Gerichten, roh wird er aber auch gern in Salaten oder als kleine Vorspeise gereicht. Ein perfektes Duo sind Tomaten und Mozzarella. Mozzarella in Lake gibt es in Folie eingeschweißt nahezu in jeder Kühltheke von Lebensmittelgeschäften.

MASCARPONE: Dieser geschmeidige, vollfette Frischkäse eignet sich besonders für Desserts und pikante Saucen. Aber auch Pastagerichte werden häufig mit Mascarpone verfeinert. Dieser Frischkäse schmeckt angenehm mild-süßlich und duftet herrlich nach frischer Sahne. Er stammt aus der Lombardei und hat einen Fettgehalt von

60 % Fett i.Tr. Mascarpone erhält man abgepackt und eingeschweißt im Kühlregal größerer Supermärkte. Er sollte auf jeden Fall im Kühlschrank gelagert und nach dem Öffnen gut verschlossen in den Kühlschrank zurückgestellt und schnell verbraucht werden.

- RICOTTA: Dieser aus Molke hergestellte Frischkäse ähnelt dem deutschen Magerquark und wird auch ähnlich verwendet. Man produziert ihn in ganz Italien – eben überall, wo Käse hergestellt wird. Ricotta kann aus der Molke von Kuhmilch bestehen, aber ebenso aus Ziegen- oder Schafsmilch.

Der Name Ricotta bedeutet „nochmals gekocht" und deutet auf das Herstellungsverfahren hin. Der Frischkäse besitzt einen mild-säuerlich bis säuerlich-feinen Milchgeschmack. Sein Fettgehalt beträgt 20 % Fett i.Tr.

Ricotta ist vielfältig einsetzbar. Er eignet sich sowohl als Brotbelag mit süßen oder pikanten Ergänzungen – wie Marmelade oder Kräutern –, kann zusammen mit Ruccola Teil der Antipasti sein, wird gern zum Füllen von Canneloni genommen oder auch für süße Torten und Gebäck verwendet.

EDELPILZKÄSE

GORGONZOLA: Dieser weltweit geschätzte Blauschimmelkäse aus Kuhmilch ist weich und vollfett (48 % Fett i. Tr.). Als junger Käse trägt er den Beinamen „dolce“. Dann schmeckt er schon würzig und pikant, besitzt aber eine dezente, süße Note. Diese verliert er mit zunehmender Reife. Der Käse wird dann kräftiger im Geschmack und hat eine eher säuerliche Note.

Gorgonzola, der ursprünglich aus dem gleichnamigen lombardischen Dorf nördlich von Mailand stammt, wurde schon vor 1000 Jahren hergestellt. Heute wird er aber auch in der Lombardei und im Piemont produziert. Man serviert ihn als Tafelkäse und setzt ihn zum Verfeinern von Saucen ein.

Pasta selber machen

Pasta aus der eigenen Küche

Für Starköche und Feinschmecker ist sie selbstverständlich: Die selbst gemachte Pasta. Aber auch, wenn dies nach großer Kunst klingt – Nudeln selber herzustellen, setzt weder große Kochkünste noch spezielle Zutaten voraus.

Der Grundteig besteht aus Mehl, Eiern, Salz und Olivenöl – also alles Zutaten, die sich in jeder Pasta-Küche finden. Alles, was man sonst noch zum Pasta selbermachen benötigt, sind Zeit und Muße. Denn den Teig anzusetzen und dann in die gewünschte Pastaform zu bringen, ist keine schnelle Angelegenheit.

Dabei kann man sich ganz unterschiedlichen Aufgaben stellen: Am einfachsten ist es, Nudeln mit einer Nudelmaschine selbst herzustellen. Den Schwierigkeitsgrad steigert es etwas, wenn man die Nudeln zudem färbt. Auch das Herstellen von Teigtaschen ist grundsätzlich nicht allzu schwierig.

Pasta allerdings in eine perfekte Form zu bringen und beispielsweise geringelte Nudeln oder gleichmäßige Ravioli herzustellen, erfordert viel Geschick und Erfahrung. Zu bedenken gilt dabei allerdings, dass noch kein Meisterkoch vom Himmel gefallen ist und mit der Zeit die Ergebnisse immer besser werden.

Die Küchenausstattung

Schnellstart mit Standardgeräten

Für hausgemachte Pasta sind grundsätzlich keine besonderen Küchengeräte erforderlich. Alles was man braucht, findet sich in der Regel im Standardhaushalt: Dazu gehören eine Küchenwaage, eventuell eine Küchenmaschine oder ein Handrührgerät sowie Messer, Nudelholz und ein Teigrädchen.

Wer allerdings öfter und gern Pasta zubereitet, für den bietet der Handel eine ganze Reihe von Spezialgeräten an, allen voran Nudelmaschinen.

Diese Küchenhelfer sind nicht allzu teuer und ermöglichen es, auf der einen Seite Teig flach auszurollen und auf der anderen Seite diesen dann in Bandnudeln zu schneiden. Durch verschiedene Aufsätze oder Walzenführungen kann man so dünne oder breitere Pastaarten formen.

Für das Formen von Hand bietet der Handel verschiedene kleine Teigroller an, die je nach Form des Drehrads unterschiedliche Schneideränder entstehen lassen. So gibt es z.B. Roller, die eine gezackte Schnittfläche formen.

Für all diejenigen, die gern selbst Pastataschen formen, bieten spezielle Teigformen eine enorme Erleichterung. In diese aufklappbaren Formen legt man zunächst den Teig ein, gibt dann etwas Füllung darauf und drückt die Formen anschließend aufeinander. So entstehen beispielsweise perfekte Ravioli, Tortellini oder gefüllte Nockerln.

Die Förmchen werden meistens in Sets angeboten, mit denen sich unterschiedliche Pastataschen wie z.B. halbrunde, eckige oder auch herzförmige herstellen lassen. Viele Sets sind dabei überraschend preiswert.

Pasta fatta in casa

ZUTATEN (für 6 Personen): 500 g Mehl • 1 TL Salz • 5 Eier • 1 EL Olivenöl

1. MEHL UND SALZ MISCHEN: Zunächst das Mehl auf eine glatte Arbeitsfläche sieben. Das Salz untermischen und in der Mitte eine Mulde bilden.

2. EIER UND ÖL ZUGEBEN: Nun die Eier einzeln aufschlagen und vorsichtig in die Mulde gleiten lassen.

Dann gibt man vorsichtig etwas Öl zu. Nun Eier und Öl in der Mehlmulde zunächst leicht mit einer Gabel verrühren.

3. VERMISCHEN: Anschließend alle Zutaten vorsichtig von außen nach innen vermischen, bis sich die Eier mit dem Mehl gut verbinden.

4. KNETEN: Den Teig nun kräftig durchkneten, bis er glatt und glänzend ist. Damit der Kleber im Mehl aktiv wird, muss man den Teig mindestens fünf Minuten lang kneten. Der Teig darf anschließend nicht kleben, aber auch nicht zu trocken sein. Denn für das Gelingen der Nudeln ist die richtige Teigkonsistenz ausschlaggebend.

Wenn die Masse zu feucht ist, lässt sie sich nur schlecht verarbeiten. Um die richtige Konsistenz zu erhalten, sollte man gegebenenfalls etwas mehr Mehl darunter kneten. Ist der Teig zu trocken, muss lauwarmes Wasser zugegeben werden.

Der Knetvorgang ist äußerst wichtig, um einen elastischen und damit gut formbaren Teig zu erhalten. Es emp-

RÜHRGERÄT & SCHÜSSEL

Das Teigkneten auf der Küchenplatte ist die klassische Art, Pastateig herzustellen. Natürlich kann man sich die Arbeit auch mit einem Handrührgerät und einer Schüssel erleichtern. Dazu gibt man die Zutaten in eine Schüssel und knetet den Teig mit Knethakenaufsätzen durch.

Teig einfrieren

Frischen Pastateig kann man gut einfrieren. Er hält sich in Gefrierbeuteln bis zu drei Monate. So sollte man bei der Teigzubereitung überlegen, ob es sich nicht lohnt, größere Teigmengen herzustellen. Nach dem Auftauen sollte der Teig allerdings direkt verarbeitet werden.

fiehlt sich daher nach fünf bis zehn Minuten eine Probe zu machen: Wenn der Teig sofort seine ursprüngliche Form annimmt, wenn man mit dem Finger hineindrückt, ist er fertig geknetet.

5. RUHEN LASSEN: Nun muss der Teig noch einmal rund 15 Minuten ruhen. Am besten lagert man ihn in einem zuvor mit Mehl bestäubten Küchentuch. Würde man ihn jetzt bereits ausrollen, wäre er noch zu elastisch. Während der Ruhezeit wird der Pastateig etwas tro-

ckener und damit auch weicher. Nach der Ruhezeit knetet man die Masse noch einmal kräftig durch.

Pastateig richtig auswalzen

Jetzt ist der Teig so weit, zu Nudeln verarbeitet zu werden. Dabei bieten sich grundsätzlich zwei Alternativen an: Die einfache Methode ist das Ausrollen mit einem Nudelholz und das Formen der Pasta mit einem Teigroller. Dies bietet sich bei breiten Nudeln oder bei der Teigverarbeitung für Ravioli oder anderen Taschen an. Die andere Alternative ist das Arbeiten mit einer Nudelmaschine.

In beiden Fällen teilt man den Teig zunächst in mindestens vier kleinere Stücke und schlägt diese auf der Arbeitsplatte mit dem Handrücken weitgehend flach. Kleinere Teigstücke lassen sich nämlich leichter rollen.

1. TEIG MIT DEM NUDELHOLZ ROLLEN: Das Arbeiten mit einem Nudelholz nimmt zwar etwas mehr Zeit in Anspruch als die Teigverarbeitung mit einer Nudelmaschine, hat aber den Vorteil, dass es schnell und einfach von der Hand geht.

Dazu legt man eines der mit der Hand flach gedrückten Teigstücke auf eine glatte, leicht bemehlte Arbeitsfläche. Der Teig wird nun mit dem Nudelholz von der Mitte zum Rand hin dünn ausgerollt. Dabei sollte man darauf achten, dass man nicht über den Teigrand hinaus rollt, weil er sonst schnell zu dünn wird und sich nur schlecht weiterverarbeiten läßt. Bei Bedarf bestäubt man Arbeitsfläche und Nudelholz wiederholt mit Mehl. Die anderen Teigstücke werden ebenso ausgerollt.

Teig richtig lagern

Wird der Teig nicht sofort weiterverarbeitet oder muss man die Arbeit unterbrechen, wickelt man die Masse in ein trockenes Geschirrtuch. Dieses trockene Tuch deckt man dann mit einem zweiten, angefeuchteten Tuch ab. Das verhindert das Austrocknen des Teigs. Außerdem bricht er anschließend nicht so schnell. Bei längeren Unterbrechungen empfiehlt es sich zudem, den Teig kalt zu stellen. Vor dem Weiterverarbeiten sollte er allerdings wieder Zimmetemperatur erreichen.

2. TEIG MIT DER NUDELMASCHINE WALZEN: Mit allen Standardmaschinen kann man den Pastateig in jede gewünschte Stärke auswalzen. Die Maschine besitzt zwei gegeneinander laufende Walzen, deren Abstand zueinander verändert werden kann. Dazu befindet sich an der Seite ein Stellrad, an dem man verschiedene Stufen fest einstellen kann. Die Walzen stellt man am Anfang auf die größtmögliche Breite ein und bestäubt sie dann mit Mehl. Jede Teigportion wird dann zweimal durch die Maschine laufen gelassen.

Den durchgedrehten Teig nimmt man mit der Hand auf und legt ihn flach auf ein zuvor mit Mehl abgestäubtes Holzbrett. Nach dem ersten Durchdrehen sollte er weich sein und seidig aussehen. Klebt der Teig, wird er mit etwas Mehl bestäubt.

Nun werden die Einstellungen der Maschine so verändert, dass sich der Walzenabstand um eine Stufe verringert. Der Teig durchläuft erneut die Walzen und wird so dünner und länger. Diesen Vorgang wiederholt man, bis die vorletzte Einstellung

der Nudelmaschine erreicht ist. Dann hat der Teig für die meisten Zwecke die richtige Dicke. Für hauchdünne Teigwaren dreht man den Teig schließlich noch durch die schmalste Einstellung der Maschine.

Teig in Form schneiden

Nun kann man den Nudelteig in die gewünschte Form schneiden. Auch hier gibt es wieder zwei Möglichkeiten: Entweder man greift zu einem Teigrad bzw. einem Messer oder man stellt die Pasta mit einer Nudelmaschine her. Letztere kommt aber nur bei der Herstellung von Bandnudeln in Frage.

- BANDNUDELN: Der fertig ausgerollte Teig wird mit einem Messer in rechteckige Stücke geschnitten. Die Länge der Rechtecke bestimmt die Länge der Nudeln. Wer mit einer Nudelmaschine arbeitet, sollte die Teigbreite so bemessen, dass sie der Walzenbreite der Maschine entspricht.

  Wer manuell arbeitet, schneidet jetzt mit dem Teigrad möglichst gleich breite Streifen. Je nachdem, welche Art von Rad man verwendet, entstehen unterschiedliche Schnittflächen z.B. gezackte.

  Beim Einsatz der Nudelmaschine kann man zwischen verschiedenen Aufsätzen wählen, die unterschiedlich breite und geformte Streifen herstellen. So können z.B. dünne Spaghetti oder auch breite Bandnudeln entstehen.

Nach dem Zuschneiden kann man die Nudeln entweder sofort weiterverarbeiten oder trocknen lassen. Die ausgeschnittenen frischen Nudeln müssen vor dem Kochen ein paar Minuten (maximal 30 Minuten) antrocknen. Dann können sie gekocht werden.

Bandnudeln trocknet man am besten über einer Holzstange, über der sie frei hängen und so trocknen können. Nachdem der Teig restlos ausgetrocknet ist, bewahrt man die Pasta in einem luftdichten Behälter auf.

KURZE GARZEIT

Vorsicht beim Garen: Selbstgemachte Nudeln sind in etwa 3 Minuten fertig! Am besten lässt man die Pasta beim Kochen nicht aus den Augen. Schon nach kurzer Zeit empfiehlt sich ein Gartest.

CANNELLONI & LASAGNE : Um die etwas größeren Nudelplatten für Lasagne oder Cannelloni auszuschneiden, kann man entweder ein scharfes Messer mit einer geraden Schneide oder ein gezacktes Teigrädchen verwenden. Die Platten beschneidet man auf die Größe der Lasagneform, die später genutzt werden soll, oder in etwa 10 x 12 Zentimeter große Blätter. Solche Blätter kann man dann sowohl für Lasagne als auch für Cannelloni verwenden.

Bevor man die ausgeschnittenen Nudelblätter allerdings weiterverarbeiten kann, müssen sie gekocht und getrocknet werden. Dazu legt man sie am besten mehrere Stunden auf einem planen Untergrund oder auf einem Rost aus.

FARFALLE: Die weltberühmte Schmetterlingsform stellt man her, indem der gerollte Teig mit einem gezackten Teigrädchen in etwa 3 Zentimeter große Quadrate geschnitten wird. Dann werden die Teigstücke an zwei geraden Rändern zusammengedrückt.

FANTASIEFORMEN FÜR FESTE

Beim Formen der Nudeln kann man auch der Fantasie freien Lauf lassen. So können beispielsweise für einen Kindergeburtstag Märchenfiguren oder Nachbildungen von Spielzeugen entstehen. Optisch besonders wirkungsvoll sind solche Nudeln, wenn man sie bunt einfärbt.

Pasta färben

PASTA FÄRBEN UND AROMATISIEREN

Gefärbte und aromatisierte Nudeln bringen Abwechslung in die Pasta-Küche. Neben den unterschiedlichsten Formen und Größen, die man frischer Pasta geben kann, gibt es auch viele Möglichkeiten, sie in diversen Geschmacksrichtungen zu wür-

zen oder auch einzufärben. Letztlich sind dabei der Fantasie keine Grenzen gesetzt.

EINFACHE ARBEIT

Nudelteig zu würzen oder einzufärben ist keine große Kunst: Ein wenig pürierte Rote Bete, eine Prise Safran, oder gehackter Spinat unter den Teig gerührt – und schon entstehen die schönsten Pasta-Farben. Genauso flink und einfach lassen sich Nudeln aromatisieren wie beispielsweise mit Pilz- oder Zitrusgeschmack.

Für die Teigherstellung werden die farbgebenden Zutaten gegart und fein gehackt oder püriert. Dann werden sie zum Grundteig hinzugefügt. Einige Zutaten werden direkt mit dem Ei in der Mulde vermengt, andere kann man auch später unter den fast fertig gekneteten Teig mischen.

Wichtig ist dabei, die richtigen Mengen abzupassen. Vor allem beim Aromatisieren ist Vorsicht geboten: Zu viel des Guten geht oft zu Lasten des Geschmacks.

Vollkornnudeln

Auch die Italiener kennen Vollkornnudeln – sie heißen dort „Pasta integrale“. Vollkornnudeln werden aus dem Mehl oder Grieß des vollen, keimfähigen Korns mit oder auch ohne Ei hergestellt. Meist sind sie aus Weizen – aber nicht immer. „Pasta integrale“ gibt es auch aus Dinkel-, Hirse-, Buchweizen-, Amaranth- und Reismehl.

Damit die Nudeln nicht zu fest und schwer werden, wird nach dem Mahlen häufig etwas Kleie abgesiebt – so viel, dass von 400 Gramm fein gemahlenem Weizen etwa 300 Gramm Mehl übrigbleiben. Die Kleie wird dann zum Brotbacken weiterverwendet. Natürlich stehen Vollkornnudeln in ihrer Formenvielfalt den hellen Pastasorten in nichts nach, allerdings sind sie seltener gefärbt. Da Vollkornnudelteige leicht reißen, eignen sie sich jedoch am besten für breite Bandnudeln oder Ravioli. Traditionelle Rezepte gibt es sowohl für Vollkornnudeln als auch für besonders gut dazu passende Saucen. Aufgrund ihres starken Eigengeschmacks und ihrer porösen Oberfläche passen Vollkornnudeln am besten zu schweren, gehaltvollen Saucen.

Bunte und aromatisierte Pasta

- GELBE PASTA: Ein Briefchen Safranfäden (1 g) in einem Mörser zerstoßen und mit den Eiern zum Mehl geben.

- ORANGENE PASTA: 3 EL Tomatenmark und nur 3 Eier und 1 Eigelb verwenden.

- ROTE PASTA: 1 kleine pürierte Rote Bete und nur 2 Eier und 1 Eigelb verwenden.
- GRÜNE PASTA: 250 g blanchierten, gut ausgedrückten und gehackten Spinat sowie 2 Eier und 2 Eigelb verwenden.
- STEINPILZ PASTA: 30 g getrocknete Steinpilze 30 Minuten in 4 EL aufgekochtem Wasser quellen lassen. Dann fein gehackt mit den Eiern zum Mehl geben.
- ZITRUS-PASTA: 3 EL frisch abgeriebene Zitronen-, Orangen- oder Limettenschale zugeben.

REZEPT: PASTA INTEGRALE (VOLLKORNPASTA OHNE EI)

Zutaten (für 4 Personen): 250 g fein gemahlener Weizen • 1/4 TL Meersalz • 2 EL Olivenöl • 1/8 l lauwarmes Wasser (Zubereitungszeit: ca. 1 Stunde)

Aus allen Zutaten einen festen, glatten Teig kneten. Das Wasser dabei sehr langsam zugeben, bis die gewünschte Teigkonsistenz erreicht ist. Anschließend den Teig in ein bemehltes Küchentuch eingeschlagen und für 10 Minuten zum Ruhen beiseite legen. Danach den Teig erneut durchkneten und gegebenenfalls noch ein wenig Wasser zugeben. Nun noch einmal 10 Minuten ruhen lassen. Jetzt den Teig auf einer bemehlten Holzfläche dünn ausrollen, sodass man ihn zu breiten Bandnudeln schneiden kann. Die Nudeln etwas antrocknen lassen und schließlich in reichlich Salzwasser etwa 5 Minuten kochen. Wenn die Nudeln oben schwimmen, sind sie gar.

Gefüllte Pasta

TEIGTASCHEN NACH EIGENEM GESCHMACK

Ob Ravioli mit Ragù Bolognese, Tortellini mit einer Spinat-Ricotta-Füllung oder Cannelloni nach eigener Rezeptidee: Teigtaschen selbst herzustellen und dann lecker zu füllen ist kein allzu schwieriges Unterfangen.

Die Grundschritte sind dabei stets gleich: Zunächst wird der Teig angesetzt. Während er ruht, bereitet man die Füllung vor und kocht beispielsweise das Ragù Bolognese.

Im dritten Schritt schneidet man den Teig zu und füllt ihn mit der vorbereiteten Füllung. Dann werden die Teigtaschen geschlossen und anschließend in Salzwasser gekocht. Dabei gilt es die Teigtaschen im Blick zu halten und den optimalen Garpunkt abzupassen. Die Teigstärke ist dabei ausschlaggebend.

Teigtaschen formen

Bei der Herstellung bieten sich zwei Alternativen an: Entweder man bereitet sie komplett von Hand zu oder man bedient sich spezieller Teigformen (siehe auch S. 161). Beides hat seine Vor- und Nachteile: Handgefertigte Teigtaschen sehen – vor allem beim ersten Kochen – sehr „hand made" aus, weil die Ränder selten perfekt gelingen. Allerdings: Das hat seinen eigenen Charme, denn man darf ja ruhig erkennen, dass hier Handgefertigtes auf den Tisch kommt.

Beim Arbeiten mit den Förmchen entstehen auch ohne große Übung recht ansehnliche Ergebnisse. Die Arbeit geht leicht und schnell von der Hand.

Nach dem Ausrollen des Teigs werden kleine Platten auf die passende Größe zugeschnitten. Die Größe richtet sich nach der Art der Herstellung. Beim Arbeiten mit Förmchen müssen sie so groß wie die Form sein – überstehendes Material wird nach dem Schließen der Form einfach abgeschnitten, neu verknetet und dann weiter verwendet.

Für handgemachte Tortellini sticht man etwa 5 Zentimeter große Kreise aus. Dann etwas Füllung auf die eine Hälfte des Kreises geben und den Rand der anderen Hälfte leicht mit Wasser bestreichen. Den feuchten Rand auf den trockenen Rand legen und fest zusammendrücken, sodass ein Halbmond entsteht. Diesen Halbmond dann zu einem Kreis schließen und die Spitzen dort, wo sie sich berühren mit etwas Wasser befeuchten und festdrücken.

Für Ravioli die Füllung im Abstand von etwa 4 Zentimetern mit einem Teelöffel auf dem Teig verteilen. Dann Zwischenräume mit etwas Wasser bestreichen. Eine weitere Teigplatte darüber legen. Die Teiglagen zwischen den Füllungen zusammendrücken und in Quadrate schneiden. Dann die Ränder rings herum mit einer Gabel zusammendrücken.

Gnocchi

DIE KARTOFFEL-SPEZIALITÄT

Gnocchi fallen etwas aus dem Rahmen, denn sie sind eine ganz besondere italienische Pastaspezialität. Im Gegensatz zu den Nudeln werden sie nämlich normalerweise nicht aus Mehl oder Weizengrieß hergestellt, sondern aus Kartoffeln oder Brandteigmasse zubereitet.

In der gesamten Alpenregion, vor allem aber im Piemont liebt man diese eigenwillig geformten Klößchen, die dort nur aus mehlig-kochenden Kartoffeln, Mehl und Salz bereitet werden. Im Norden serviert man Gnocchi mit Kräutern, Butter und Käse, in Ligurien natürlich mit Pesto und weiter im Süden mit Tomatensauce.

In Verona feiert man zu Ehren der Gnocchi sogar am letzten Freitag der Faschingszeit ein

„Bacanal del Gnoco" , einem Umzug mit historischen Kostümen, den der „Papa del gnoco" zur Piazza del Duomo führt. Hier werden dann schließlich Teller mit Gnocchi und pikanter Sauce serviert.

Zu Gnocchi passen alle Arten von Sugo und Pesto genauso wie Tomatensauce, Bratensäfte, geriebener Hartkäse oder in feinstem Olivenöl gedünstete Kräuter. Eine absolute Delikatesse, die es nicht zu vergessen gilt, sind Gnocchi mit weißen Trüffeln, die man im Piemont serviert. Im gut sortierten Supermarkt oder im italienischen Fachhandel erhält man kochfertig vorbereitete Gnocchi. Man kann sie aber auch leicht selbst herstellen – das ist nicht viel schwieriger, als den Standard-Pastateig aus Mehl und Eiern in der eigenen Küche zu fertigen.

Gnocchi di Patate alla piemontese

- ZUTATEN (für 6 Personen): Für den Teig: 1 kg mehligkochende Kartoffeln • 250 g Mehl • 1 TL Salz; außerdem: ¼ Bund Majoran • 100 g geschmolzene Butter • reichlich frisch geriebener Parmesan. Zubereitungszeit: 1¼ h

- 1. KARTOFFELN KOCHEN: Die Kartoffeln waschen und mit der Schale in etwa 30 Minuten weich kochen. Anschließend pellen.

- 2. KARTOFFELN PÜRIEREN: Die noch heißen Kartoffeln durch die Kartoffelpresse auf eine leicht bemehlte

Kartoffelsorte

Für das Gelingen von Gnocchi ist vor allen die Kartoffelsorte wichtig! Am besten eignen sich mehligkochende Sorten wie beispielsweise „Monza“ oder „Datura“. Der Teig muss gut binden.

Arbeitsfläche drücken. Dann das Püree etwas auskühlen lassen.

- 3. TEIG KNETEN: Jetzt das Püree nach und nach mit dem Mehl und dem Salz mischen und so lange gut durchkneten, bis ein glatter, homogener Teig entstanden ist. (Der Teig darf nicht mehr an den Fingern kleben). Den Teig dann zu einer flachen Halbkugel formen.

- 4. TEIG SCHNEIDEN: Der Teig wird nun in etwa ein cm breite Scheiben geschnitten. Diese Scheiben schneidet man anschließend wiederum in ein cm breite Streifen.

- 5. TEIG ROLLEN: Diese Streifen formt man jetzt auf einer bemehlten Arbeitsfläche zu kleinen Rollen.

- 6. GNOCCHI FORMEN: Jetzt werden die Gnocchi geformt. Dabei hat man zwei Möglichkeiten. Alternative 1:

Man schneidet die Rollen in 2–3 cm lange Stücke und drückt sie mit Hilfe von Gabelzinken etwas ein. Alternative 2: Man formt den Teig in der Hand mit einem kleinen Löffel. Letzteres setzt etwas Geschick voraus. Die fertigen Gnocchi nebeneinander auf ein bemehltes Küchentuch legen und etwa 15 Minuten ruhen lassen.

Kurze Garzeit

Vorsicht beim Garen: Selbstgemachte Nudeln sind in etwa 3 Minuten fertig!

7. GNOCCHI KOCHEN: In einem großen Topf 2 Liter Salzwasser zum Kochen bringen. Die Gnocchi nach und nach ins kochende Wasser geben und bei geringer Temperatur etwa 4 Minuten garziehen lassen. Ab und zu vorsichtig umrühren, damit die Gnocchi nicht aneinander kleben. Sobald die Klößchen oben schwimmen, mit dem Schaumlöffel herausnehmen und gut abtropfen lassen.

8. SERVIEREN: Die Kräuter in der heißen Butter andünsten und zusammen mit reichlich geriebenem Parmesan über die Gnocchi geben.

Die großen Klassiker

Die grossen Klassiker

Trotz Formenfülle und Vielfalt machen Nudeln allein noch keine Pastaküche aus. Zu einer echten Delikatesse werden sie schließlich erst zusammen mit einer passenden Sauce.

Ihre weltweite Beliebtheit erlangte die Pasta durch einige wenige Saucen, allen voran Bolognese, Arrabiata, Carbonara und Pesto. Inzwischen sind diese großen italienischen Klassiker längst fester Bestandteil der internationalen Küchen und werden rund um den Globus gern gekocht.

Salsa und Sugo

Es gibt mehrere Grundformen von italienischen Pasta-Saucen. Für die fleischlosen Varianten werden im Allgemeinen zwei Begriffe verwendet: „Salsa“, was einfach Sauce bedeutet und „Sugo“, was übersetzt Saft heißt.

Die Zutatenliste für Salsa und Sugo ist unendlich groß. Viele enthalten Tomaten und andere Gemüse wie Oliven, Auberginen, Zucchini, Spinat oder auch Bohnen.

Die Italiener verwenden dabei so ziemlich jedes Gemüse für ihre Saucen. Eine Salsa kann aus einer einzelnen Gemüseart oder aus mehreren Sorten bestehen. Verfeinert werden die Saucen oft durch Kräuter und Gewürze. Manche basieren auf Nüssen, Käsesorten oder auch Zitronen. Aber alle Saucen enthalten feinstes kalt gepresstes Olivenöl oder Butter, manche zusätzlich auch Sahne.

Viele Varianten

So wenig wie es die „eine Pasta“ gibt, so wenig gibt es auch die „eine Sauce“. Natürlich variieren Salsa und Sugo von Region zu Region ebenso wie von Familie zu Familie.

Die feinen Unterschiede entstehen dabei nicht nur durch unterschiedliche Zubereitungsarten oder Mengen, sondern auch durch die verwendeten Zutaten. Selbst bei den großen Klassikern wie dem Ragout Bolognese oder der Pasta Carbonara gibt es die verschiedensten Varianten, die sich deutlich im Geschmack unterscheiden.

In Sizilien spielt sogar eine Redewendung auf dieses Phänomen an, indem sie einen launischen Menschen mit einer Sauce vergleicht: „Cambia sempre come la salsa“ – was soviel heißt wie „Er ist immer wieder anders, wie eine Sauce“.

Al Aglio, Olio & Burro

Al Aglio, Olio & Burro

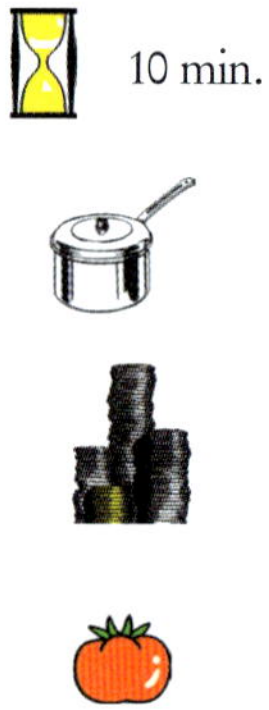

Der unverfälschte Genuss

Der Geschmack der Pasta selbst kommt natürlich dann am besten zur Geltung, wenn ihn die Sauce nicht überstrahlt. Allerdings:

Ganz ohne zusätzlichen Geschmacksträger, allen voran Fett, kommt keine Pasta aus. Deshalb Pasta nicht pur, sondern in der einfachsten Form entweder mit Olivenöl (Olio) oder Butter (Burro) zubereiten. Dabei darf frisch geriebener Hartkäse nicht fehlen – am besten greift man zu Parmesan. In Italien schätzt man den puren Genuss der Pasta allerdings immer gern auch mit etwas Knoblauch und Peperoncino.

Aglio, Olio e Peperoncino

- ZUTATEN (für 4 Personen): 3 Knoblauchzehen • 1/2 Bund glatte Petersilie • 60 ml Olivenöl • 1 getrocknete Peperoncino • Salz • frisch gemahlener weißer Pfeffer • frisch geriebener Parmesan • 500 g Spaghetti

- 1. PASTA KOCHEN: In einem großen Topf in sprudelndem Salzwasser Spaghetti al dente kochen.

2. ZERKLEINERN: Inzwischen den Knoblauch schälen und halbieren und die Petersilie fein hacken.

3. ANSCHWITZEN: Das Öl in einer großen Pfanne erhitzen und den Knoblauch sowie den Peperoncino darin bei geringer Hitze anschwitzen. Anschließend Knoblauch und Peperoncino aus der Pfanne herausnehmen und die Petersilie in das Fett einstreuen.

4. VERMENGEN: Spaghetti abtropfen lassen, mit dem Petersilienöl gut vermengen und mit Salz und Pfeffer abschmecken.

5. SERVIEREN: Nudeln auf vorgewärmte Teller verteilen, mit frischem Knoblauch und Peperoncino garnieren und servieren. Nach Belieben mit frisch geriebenem Parmesan bestreuen.

VARIANTE

In puncto Schärfe ist dieses Gericht eher harmlos. Wer es feuriger liebt, nimmt einfach mehr Peperoncini.

Pesto

Basilikum-Paste

Einer der bekanntesten Pasta-Begleiter und zugleich auch einer der beliebtesten ist die einfach und schnell zuzubereitende Pesto.

Der Name Pesto kommt von „Pestare", was soviel bedeutet wie „zerstampfen" oder „zerreiben", und auf die traditionelle Zubereitungsweise anspielt: Die Grundzutaten Pinienkerne, Pecorino, Parmesan, Olivenöl, Knoblauch und jede Menge Basilikum werden im Mörser zerrieben.

Heute allerdings vereinfachen ein Pürierstab oder auch eine Küchenmaschine die Arbeit erheblich. Mit ihnen lässt sich eine Pesto minutenschnell selbst zubereiten.

Pesto ist weniger eine Sauce im eigentlichen Sinne als vielmehr eine würzige Paste. Sie wird übrigens stets kalt verwendet und kann manchmal so kompakt sein, dass man sie zunächst mit einigen Löffeln Pasta-Kochwasser verrühren muss, um eine saucenartige Konsistenz zu erzielen.

Das ursprüngliche Rezept stammt aus Genua, was sich auch in der tradierten Bezeichnung „Pesto alla Genovese“ widerspiegelt.

Diese traditionelle Pastasauce aus Ligurien verwenden die Italiener auch gern zum Würzen einer schmackhaften Minestrone. Viele Genueser ziehen das Basilikum für ihre Sauce übrigens auch heute noch selbst.

Fertige Pesto aus dem Supermarkt

Fertige Pesto bieten gut sortierte Supermärkte und Fachgeschäfte von verschiedenen Herstellern an. Die Qualität ist allerdings recht unterschiedlich.

PESTO ALLA GENOVESE

Ganz Italien isst Pesto, auch wenn es die berühmteste Sauce Liguriens ist. Sie wird dort nicht nur zu Nudeln serviert, sondern auch zu Suppen wie beispielsweise Minestrone.

- ZUTATEN (für 4 Personen): 4 große Bund Basilikum • 3 Knoblauchzehen • 100 g Pinienkerne • 50 g frisch geriebener Parmesan oder Pecorino • 100 ml Olivenöl • Salz

- 1. WASCHEN UND HACKEN: Zunächst das Basilikum waschen und trockenschwenken. Den Knoblauch schälen und fein hacken.

- 2. ZERKLEINERN: Nun das Basilikum zusammen mit dem Knoblauch und den Pinienkernen in den Mörser geben und zerkleinern. Die Reihenfolge spielt dabei keine Rolle. Wer sich die Arbeit erleichtern möchte, kann die Zutaten auch mit einem Stabmixer zerkleinern. Besonders einfach geht dies, wenn man über einen so genannten Universalzerkleinerer verfügt und einen passenden Untersatz zum Zerkleinern (siehe Fotos).

3. KÄSE, ÖL & SALZ ZUGEBEN: Wenn die Zutaten weitgehend zerkleinert sind, zuerst den Käse und dann nach und nach das Öl zugeben. Die Pesto sollte am Ende eine leicht dickflüssige Konsistenz aufweisen. Dafür ist die Menge des zugegebenen Öls entscheidend. Deshalb das Öl am besten nicht auf einmal zugeben, sondern löffelweise. Dabei zwischendurch kontrollieren, wie die Konsistenz ausfällt. Abschließend wird gesalzen.

PESTO AUFBEWAHREN

Pesto lässt sich sehr gut in größeren Mengen herstellen und dann mehrere Tage im Kühlschrank aufbewahren. Am geeignetsten ist ein Marmeladenglas, das sich gut verschließen lässt. Damit die Pesto nicht austrocknet, beträufelt man sie nach dem Umfüllen mit Öl.

Pesto

 15 min.

Salsa di Pomodori

TOMATENSAUCE

Ohne frisch gekochte Tomatensauce ist die Pastaküche Italiens undenkbar – man benötigt sie eigentlich fast immer. Deshalb hat man in den meisten Haushalten stets die passenden Zutaten zur Hand.

Salsa di Pomodori

30 min.

Die Salsa di Pomodori kommt dabei nicht nur bei Pastagerichten zum Einsatz. Man benötigt sie beispielsweise auch für die Zubereitung von Pizza, diversen Fleischgerichten oder Fischeintöpfen.

Das A und O sind dabei an der Pflanze ausgereifte, aromatische Tomaten. Nur sie bringen die fruchtig-süße Note. Längliche Flaschentomaten eignen sich am besten. Im Spätsommer legen sich Italiener meist einen selbstgemachten Vorrat an Grundzutaten für Tomatensaucen an. Dazu kochen ganze Familien gemeinsam kiloweise Tomaten zu einem „Passato“ genannten Püree ein.

Außerhalb der Sommermonate empfiehlt es sich, auf „Pelati“ – italienische Dosentomaten – zurückzugreifen. Die besten kommen aus der Gegend von Neapel oder Parma. Natürlich kann man aber auch andere Dosentomaten verwenden.

ZUTATEN (für 4 bis 6 Personen): 1 kg reife Tomaten • 1 Möhre • 1 Stange Staudensellerie • 2 Knoblauchzehen • 2 EL Olivenöl • 1 Zweig frischer Rosmarin • 1 Bund Basilikum • 1 Prise Zucker • Salz • frisch gemahlener Pfeffer

1. ENTHÄUTEN UND ZERKLEINERN: Zunächst die Tomaten enthäuten. Dabei die Tomaten kreuzweise einschneiden und überbrühen. Dann kalt abschrecken und mit dem Messer die Haut abziehen (siehe auch Seite 110). Natürlich kann man auch Tomaten aus der Dose verwenden, die bereits geschält sind. Nun die Tomaten grob zerschneiden. Die Möhre, den Sellerie und den Knoblauch fein zerkleinern.

2. ANDÜNSTEN UND GAREN: Das Gemüse im erhitzten Öl andünsten. Es soll aber nur ganz leicht Farbe annehmen und nicht zu braun werden. Dann die Tomaten und Gewürze dazugeben. Bei mittlerer Hitze ca. 30 Minuten garen. Die Sauce sollte am Ende eine musige Konsistenz aufweisen, also recht dickflüssig sein.

3. PÜRIEREN: Nun wird die Sauce nur noch durch ein Sieb passiert oder mit dem Pürierstab fein zerkleinert und das gehackte Basilikum untergemischt.

Salsa di Besciamella

Bechamelsauce

Bechamelsauce ist der Klassiker zum Überbacken von diversen Nudelgerichten. Die Grundzubereitung gleicht der von „Mehlschwitze" oder „hellen Saucen".

- ZUTATEN (für 4 bis 6 Personen): 60 g Butter • 60 g Mehl • 250 ml Milch • Salz • frisch gemahlener Pfeffer • geriebene Muskatnuss

- 1. BUTTER ZERLASSEN: Das Fett zunächst in einem Topf bei mittlerer Hitze zerlassen, bis es aufschäumt. Dabei darauf achten, dass die Butter nicht braun wird.

- 2. MEHL SCHWITZEN: Nun das Mehl zugeben und unter Rühren so lange andünsten bis es goldgelb ist. Am besten arbeitet man dabei mit einem Saucen- oder Schneebesen.

- 3. MILCH HINZUFÜGEN: Jetzt langsam und unter ständigem Rühren die Milch zugeben.

Dabei darauf achten, dass sich keine Klümpchen bilden. Dies erreicht man vor allem durch ständiges Rühren.

4. KÖCHELN: Bei schwacher Hitze sollte die Sauce nun mindestens 10 Minuten köcheln, bis sie sämig ist und nicht mehr mehlig schmeckt.

5. ABSCHMECKEN: Die fertige Salsa Besciamella mit Salz, Pfeffer und einer kräftigen Prise Muskat abschmecken.

Salsa di Besciamella

 20 min.

Ragù Bolognese

FLEISCHSAUCE

Spaghetti Bolognese – das ist wohl das bekannteste Nudelgericht der Welt. Die Grundsauce allerdings wird nicht nur zu den langen Nudeln gereicht, sondern beispielsweise auch zu Tagliatelle und Maccheroni serviert oder auch in Lasagne (siehe Seite 218) verarbeitet.

Bei der großen Beliebtheit auch außerhalb Italiens wundert es nicht, dass es gerade bei dieser Sauce unzählige Varianten gibt. Das Grundrezept stammt aus Bologna, wie der Name bereits sagt. Hier kocht man die Sauce mit Hühnerleber und gemischtem Hackfleisch. Aber natürlich lässt sich Pasta Bolognese auch ohne Leber und beispielsweise nur mit Rindergehacktem kochen. Andere Köche wiederum verzichten auf den Staudensellerie und dicken die Sauce mit Sahne an.

Letztlich gilt vor allem bei diesem Gericht: Erlaubt ist, was gefällt, oder besser gesagt: Kochen darf man, was einem am besten schmeckt.

ZUTATEN (für 4 bis 6 Personen): 1 Zwiebel • 1 Möhre • 1 Stange Staudensellerie • 50 g Pancetta (ersatzweise: durchwachsener Speck) • 2 EL Olivenöl • 400 g gemischtes Hackfleisch • $^1/_8$ l trockener Weißwein • $^1/_8$ l Fleischbrühe • 500 g geschälte Tomaten • Salz • frisch gemahlener Pfeffer

1. ZERKLEINERN: Zunächst die Zwiebel, die Möhre und den Sellerie schälen, putzen und fein würfeln. Die Pancetta in kleine Würfel schneiden.

2. ANDÜNSTEN: Nun das Gemüse im erhitzten Öl andünsten. Pancetta zugeben und glasig braten.

3. BRATEN: Das Hackfleisch dazugeben. Unter Rühren und Wenden so lange braten, bis es krümelig ist.

2. WÜRZEN UND SCHMOREN: Wein, Brühe und Tomaten zugeben, die Sauce würzen und zugedeckt etwa 30 Minuten schmoren.

Frische Kräuter

Die Geschmackswelt des Ragù Bolognese bereichern frische Kräuter wie ein Zweig Rosmarin, die mitgeschmort werden .

Ragù Bolognese

45 min.

Alfredo

Alfredo

15 min.

Sahnesauce

Gehaltvoller – und auf den ersten Blick gar nicht typisch italienisch – ist diese einfache Sahnesauce, die allerdings durch ihren feinen Geschmack eine abwechslungsreiche Alternative zu den bekannten Salsas und Sugi darstellt. Salsa di Alfredo erfreut sich so auch in ganz Italien großer Beliebtheit und wird gern abgewandelt als Grundlage für Gemüsesaucen verwendet – z.B. mit Pilzen. Zu ihren großen Vorzügen gehört, dass sie sehr schnell und unaufwändig zuzubereiten ist – die Sauce ist zeitgleich mit den gekochten Pasta servierbereit.

ZUTATEN (für 4 bis 6 Personen): 100 g Butter • 150 g frisch geriebener Parmesan • 350 ml Sahne • 1 Bund glatte Petersilie • Salz • frisch gemahlener Pfeffer; zum Garnieren: frischer Thymian • 500 g Pasta

1. PASTA KOCHEN: Pasta in einem großen Topf in sprudelndem Salzwasser al dente kochen.

2. SAUCE EINDICKEN: Gleichzeitig Butter in einer Pfanne zerlassen und bei kleiner Hitze Parmesan und

Sahne unter ständigem Rühren zugeben. Sauce etwas eindicken lassen.

3. ABSCHMECKEN: Jetzt Petersilie zugeben, die Sauce mit Salz und Pfeffer abschmecken und gut verrühren.

4. VERMENGEN: Pasta abtropfen und in einem Topf warm halten. Sauce an die Nudeln geben und beides gut miteinander vermengen.

OPTISCH AUFWERTEN

Die Salsa di Alfredo ist hell und relativ farblos. Wenn das Auge mitessen soll, empfehlen sich zum optischen Aufwerten gefärbte Pasta – z.B. rote Nudeln. Zum Garnieren eignen sich besonders frische Kräuter wie Thymian, Rosmarin oder Basilikum.

Napolitana

Selleriesauce

Das Grundrezept zu dieser Sauce stammt aus Neapel, wo man diese Sauce nicht nur auf Pasta, sondern beispielsweise auch auf einer frisch gebackenen Pizza schätzt.

- ZUTATEN (für 4 bis 6 Personen): 2 EL Olivenöl • 1 Zwiebel • 1 Möhre • 1 Selleriestange • 500 g Tomaten • 1 Bund glatte Petersilie • 2 EL Zucker • 120 ml Wasser • Salz • frisch gemahlener schwarzer Pfeffer; zum Garnieren: frische Kräuter • 500 g Pasta

Sauce auf Vorrat:

Bei längerer Kochzeit erhält man eine konzentriertere Sauce, die sich gut einfrieren lässt. Es lohnt sich so, größere Mengen zu kochen. Nach dem Auftauen übergießt man die Sauce einfach mit Brühe oder verdünnt sie mit Wasser.

- 1. ZERKLEINERN: Tomaten, Gemüse, Zwiebel und Petersilie klein schneiden und fein hacken.

- 2. DÜNSTEN: In einer Pfanne das Öl erhitzen und dann die Zwiebel, die Möhre und den Sellerie bei niedriger Hitze etwa 10 Minuten weich dünsten. Dabei mehrmals umrühren.

Napolitana

 1,5 Std.

- 3. KÖCHELN: Tomaten, Petersilie, Zucker und das Wasser zugeben und aufkochen lassen. Temperatur herunterschalten und abgedeckt etwa 45 Minuten köcheln lassen.

- 4. PASTA KOCHEN: Rechtzeitig vor Ende der Garzeit Pasta in einem großen Topf in sprudelndem Salzwasser al dente kochen.

- 5. ABSCHMECKEN UND ANRICHTEN: Sauce mit Salz und schwarzem Pfeffer abschmecken. Pasta abtropfen lassen und auf vorgewärmte Teller verteilen. Die Sauce darüber geben und nach Wunsch mit frischen Kräutern garnieren.

Carbonara

Schinken-Sahne-Sauce

Auch diese Sauce zählt zu den großen Klassikern der internationalen Pasta-Küche. Besonders beliebt ist sie so z. B. in Deutschland, wo sie längst zu einem Inbegriff für die italienische Küche avanciert ist. Wie bei den meisten anderen weit verbreiteten Gerichten gibt es auch hier verschiedenste Varianten. Den Geschmack prägt dabei vor allem der verwendete Schinken. In Italien ist dies Pancetta. Carbonara wird aber auch aus anderem gekochten, zum Teil auch rohem Schinken oder Speck zubereitet.

Carbonara

40 min.

ZUTATEN (für 4 bis 6 Personen): 200 g Pancetta • 4 Eier • 50 g frisch geriebener Parmesan • 400 ml Sahne • Salz • frisch gemahlener Pfeffer • 500 g Pasta

1. BRATEN: Zunächst den Schinken in kleine Würfel schneiden. Anschließend in einer Pfanne bei mittlerer Hitze knusprig braten. Darauf achten, dass er nicht verbrennt. Dann auf Küchenkrepp abtropfen lassen.

2. PASTA KOCHEN: Pasta in einem großen Topf in sprudelndem Salzwasser al dente kochen.

3. EIERSAHNE VERRÜHREN: Gleichzeitig Sahne, Eier und Parmesan in einer Schüssel gut verschlagen. Pancetta unterrühren.

4. KÖCHELN: Eiersahne in die Pfanne geben und zu einer sämigen Sauce einkochen. Dann Pancetta einrühren und mit schwarzem Pfeffer aus der Mühle würzen.

5. VERMENGEN: Pasta abtropfen und im Topf warm halten. Die Sauce über die heiße Pasta geben und vorsichtig vermengen.

Putanesca

Putanesca

 40 min.

SAUCE MIT OLIVEN UND ANCHOVI

Außerhalb Italiens ist diese Sauce, die vom Geschmack reifer Oliven und zarter Anchovifilets geprägt ist, zwar nicht so bekannt wie Bolognese oder Carbonara – in ihrem Mutterland aber ist die Putanesca ein Klassiker, der sehr geschätzt wird.

- ZUTATEN (für 4 Personen): 2 EL Olivenöl • 3 Knoblauchzehen • 1 Bund glatte Petersilie • 1 Peperoncino • 500 g frische Tomaten (ersatzweise Dosentomaten) • 1 EL Kapern • 3 Anchovifilets • 50 g schwarze Oliven (entsteint) • frisch gemahlener schwarzer Pfeffer • frisch geriebener Parmesan • 500 g Pasta

- 1. ZERKLEINERN: Knoblauchzehen mit einem schräg gehaltenen Messer fein zerdrücken. Petersilie und Peperoncini fein hacken, Tomaten blanchieren, häuten, Stielansatz und Samen entfernen und das Fruchtfleisch in kleine Würfel schneiden. Anchovifilets klein schneiden.

- 2. PASTA KOCHEN: Pasta in einem großen Topf in sprudelndem Salzwasser al dente kochen.

3. GEWÜRZE ERHITZEN: Gleichzeitig das Öl in einer Pfanne erhitzen. Bei mittlerer Hitze Knoblauch, Petersilie und Peperoncini unter ständigem Rühren etwa 1 Minute andünsten.

4. VERFEINERN: Tomaten zugeben und aufkochen lassen. Dann bei niedriger Hitze abgedeckt etwa 5 Minuten köcheln lassen. Kapern und Oliven zugeben und weitere 5 Minuten durchziehen lassen.

5. ABSCHMECKEN: Mit schwarzem Pfeffer aus der Mühle abschmecken.

6. ANRICHTEN: Pasta abgießen und abtropfen lassen. Auf vorgewärmten Tellern verteilen, mit der Sauce anrichten und die Anchovis darüber geben. Sofort mit geriebenem Parmesan servieren.

Arrabiata

Arrabiata

 40 min.

SAUCE MIT PEPERONCINI

Darf es etwas schärfer sein? Dann ist die Arrabiata die richtige Alternative. Der Geschmack dieser Pasta-Sauce wird von den Peperoncini geprägt – und je nachdem, wie viel man von den Chilischoten beimengt, desto schärfer wird das Pastagericht.

- ZUTATEN (für 4 Personen): 100 g Pancetta • 3 rote Peperoncini • 1 große Zwiebel • 1 Knoblauchzehe • 500 g Tomaten • 1 Bund glatte Petersilie • Salz • frisch gemahlener Pfeffer • frisch geriebener Pecorino • 500 g Pasta

- 1. ZERKLEINERN: Pancetta, Peperoncini, Zwiebel, Knoblauch und Petersilie fein hacken, Tomaten blanchieren, häuten (siehe Seite 111) und in feine Stücke schneiden.

- 2. ANBRATEN: In einer Pfanne Pancetta auslassen. Anschließend die Zwiebel und den Knoblauch bei mittlerer Hitze darin anbraten und unter mehrmaligem Rühren bräunen.

3. KÖCHELN: Die klein geschnittenen Tomaten und Wasser zugeben. Dann abgedeckt etwas köcheln lassen – bis die Sauce eine dicke, cremige Konsistenz hat. Mit Salz und Pfeffer würzen.

4. PASTA KOCHEN: Währenddessen die Pasta in einem großen Topf in sprudelndem Salzwasser al dente kochen. Anschließend abtropfen lassen und im Topf warm halten.

HÄNDE SCHÜTZEN

Beim Kleinschneiden der Chilies schützen Gummihandschuhe die Haut vor Reizungen. Denn die Peperoncini können auf empfindlicher Haut leicht „brennen“.

5. ABSCHMECKEN UND SERVIEREN: Petersilie unter die Sauce rühren und abschmecken. Dann die Sauce über die Pasta geben und vorsichtig vermengen. Frisch geriebenen Pecorino darübergeben und servieren.

Marinara

Sauce mit Meeresfrüchten

In allen Ortschaften rund ums Mittelmeer gehören Saucen mit Meeresfrüchten selbstverständlich zum Kochrepertoire. Und so fehlt die Marinara in keinem Fischer- oder Badeort auf der Pasta-Karte.

Was genau allerdings zu einer klassischen Marinara gehört, lässt sich schwer sagen. Denn seit Jahrhunderten verarbeitet man in der italienischen Küche eigentlich immer genau das, was fangfrisch zu bekommen ist.

Das können Tintenfisch und Miesmuscheln, Krebse und Scampi, Venusmuscheln und Weißfisch sein – genaue Vorgaben für die „eine“ Marinara gibt es nicht. So werden von Region zu Region, von Dorf zu Dorf, von Küche zu Küche ganz unterschiedliche Saucen zubereitet, die sich natürlich dann auch alle im Geschmack unterscheiden.

Welche Meeresfrüchte man unter die Sauce mischt, bleibt so dem eigenen Geschmack überlassen – oder aber dem Angebot an Frischfisch auf dem lokalen Markt. Selbstverständlich lassen sich auch Meeresfrüchte aus der Dose oder dem Glas verarbeiten.

Das hier vorgestellte Rezept stammt aus Süditalien und beinhaltet nicht nur Meeresfrüchte, sondern auch Fischfilet.

ZUTATEN (für 4 Personen): 1 Zwiebel • 2 Knoblauchzehen • 120 ml Rotwein • 2 EL Tomatenmark • 500 g Tomaten • 1 kleines Bund Basilikum • 1 kleines Bund Oregano • 12 Miesmuscheln • 30 g Butter • 120 g Tintenfisch • 120 g Weißfischfilet • 200 g Scampi (ohne Schale) • Salz • frisch gemahlener Pfeffer • 500 g Pasta

1. ZERKLEINERN UND SÄUBERN: Miesmuscheln säubern und den Bart abziehen, Zwiebeln und Kräuter fein zerkleinern, Knoblauch zerdrücken, Tomaten blanchieren, häuten (siehe Seite 111), Stielansatz und Samen entfernen und das Fruchtfleisch klein würfeln, die Fischfilets klein schneiden.

2. ANBRATEN: Etwas Olivenöl in einer großen Pfanne erhitzen, die Zwiebel und den Knoblauch darin bei niedriger Hitze anbräunen.

3. KÖCHELN: Wein angießen sowie Tomaten und Tomatenmark zufügen und bei mittlerer Hitze etwa 10 Minuten lang köcheln lassen, bis die Sauce etwas eingedickt ist. Dabei mehrfach umrühren.

4. WÜRZEN: Die Kräuter unter die Sauce rühren und mit Salz und Pfeffer abschmecken. Anschließend warm halten.

5. MUSCHELN KOCHEN: Gleichzeitig Wasser erhitzen und die Muscheln darin schwimmend abgedeckt etwa 5 Minuten dünsten, bis sie sich öffnen. Muscheln herausheben, ungeöffnete Muscheln aussortieren, die anderen beiseite stellen. Mit etwas Muschel-Kochwasser die Tomatensauce in die gewünschte Konsistenz bringen.

6. FISCH DÜNSTEN: Butter erhitzen und nacheinander die Tintenfische, das Fischfilet und die Scampi in 1 bis 2 Minuten weich dünsten. In die warme Tomatensauce geben und vorsichtig umrühren.

7. PASTA KOCHEN: Parallel zum Kochen der Muscheln in einem großen Topf mit sprudelndem Salzwasser die Pasta al dente kochen. Anschließend abtropfen lassen.

8. VERMENGEN: Pasta mit der Sauce vermengen, die Muscheln darauf verteilen und servieren.

VORSICHT:

Bereits geöffnete Miesmuscheln sind nicht genießbar und können giftig sein. Sie sollten aussortiert und nicht verwendet werden.

Marinara

60 min

Lasagne al forno

Unter den Gerichten, bei denen die Pasta überbacken wird, zählt die Lasagne al forno wohl zu den bekanntesten italienischen Rezepten. Die Füllung mit Ragù Bolognese und der schichtförmige Aufbau machen sie bei Groß und Klein gleichermaßen beliebt.

Das Wort „Lasagne" bezeichnet dabei nur den schichtförmigen Aufbau aus Pastateigplatten und das Überbacken mit einer Bechamelsoße und Käse. Erst wenn für die Füllung ein Ragù Bolognese verwendet wird, entsteht eine Lasagne al forno.

Viele verschiedene Varianten

Diese ist allerdings nur eine Variante der Lasagne. Die Füllung zwischen den Nudelplatten lässt sich auf verschiedenste Weise variieren.

Besonders schmackhaft sind dabei vegetarische Gerichte: Ob Füllungen mit Spinat oder Broccoli, mit Pilzen oder Paprika – letzlich kann man jedes vorgekochte Gemüse auf diese Weise überbacken. Darüber hinaus kann man zur Füllung natürlich auch andere Fleischsorten – z.B. Geflügel – verwenden. Auch Füllungen mit Fisch oder Meeresfrüchten sind möglich.

ZUTATEN (für 4 Personen): 16 Lasagne-Nudelplatten • Ragù Bolognese (siehe Seite 200) • Salsa Besciamella (siehe Seite 198) • 150 g Mozzarella • 100 g frisch geriebener Parmesan • 1 EL Butter

1. SAUCEN ZUBEREITEN: Für die Lasagne al forno benötigt man als Füllung das Ragù Bolognese (siehe Seite 200) und zum Überbacken Bechamelsauce (siehe Seite 198). Beide Saucen sollten vor dem Zubereiten der Lasagne gekocht werden.

2. ZERKLEINERN: Den Mozzarella in kleine Würfel schneiden.

Lasagne al forno

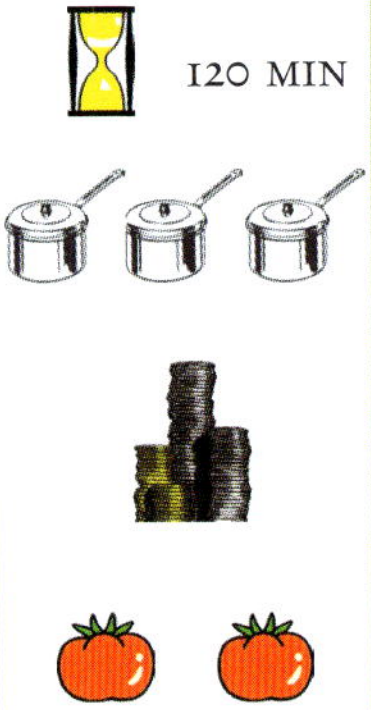

3. VORBEREITEN: Die Lasagneplatten, den Käse und die beiden Saucen zurechtstellen. Eine große, feuerfeste Form einfetten.

4. SCHICHTEN: Den Boden der gefetteten Auflaufform nun mit Bechamelsauce ausgießen und mit Lasagne-Nudeln belegen. Mit etwas Ragù bedecken, Bechamelsauce darübergießen und wieder mit Nudelblättern belegen. Auf diese Weise fortfahren, bis alle Zutaten aufgebraucht sind. Die letzte Schicht soll aus Bechamelsauce bestehen.

5. MIT KÄSE BELEGEN: Dann den Mozzarella auf die Lasagne geben, mit dem Parmesan bestreuen und mit Butterflöckchen belegen.

6. BACKEN: Den Backofen auf 200° C vorheizen. Die Lasagne im heißen Ofen etwa 40 Minuten überbacken, bis sich eine schöne goldbraune Kruste gebildet hat.

Fertige Nudelplatten

Auch bei der Lasagne schmecken natürlich frisch bereitete Nudelblätter am besten. Man kann aber auch auf getrocknete zurückgreifen. Diese gibt es in verschiedenen Ausführungen: Manche müssen noch vorgegart werden, andere sind bereits fix und fertig zum Schichten. Instant-Lasagneblätter benötigen allerdings reichlich Sauce, da sie sehr viel Flüssigkeit aufnehmen.

Regionale Spezialitäten

Liguren

DIE KÜCHE DER WIEDERKEHRER

„Cucina del ritorno" ist der Beiname der ligurischen Küche – die Küche der Wiederkehrer. Er spielt an auf die Sehnsucht der Seefahrer früherer Zeiten nach dem Duft von Kräutern und dem Grün der Gemüsefelder auf dem schmalen, sonnenreifen Küstenstreifen im Nordwesten Italiens.

Die ligurische Küche ist geprägt durch Fischfang und Olivenanbau, vor allem durch intensives Würzen mit Kräutern. Es gibt kein Gericht ohne Kräuter – man denke nur an die berühmte Pesto.

Nirgends schmeckt die Pesto so wie in Ligurien, denn das ligurische Basilikum ist eine kleinblättrige, besonders würzige Sorte. Drei Verwendungen kennen die Ligurier für Pesto: in einer gemüsereichen Minestrone, als schmelzende Würze auf heißen Bandnudeln und als Sauce zu genuesischen Gnocchi.

Etwas Besonderes ist auch das sehr aromatische ligurische Olivenöl. Es zählt zu den Besten ganz Italiens. In zahlreichen kleinen Mühlen wird das flüssige Gold Liguriens in äußerst aufwändigen Verfahren gepresst.

Ansonsten zeichnet sich die Küche Liguriens durch eine feine Schlichtheit aus. Die einfachen Zutaten werden meist zeitaufwändig und liebevoll zubereitet, so wie z.B. bei den berühmten „Ravioli alla Genovese“. Diese haben eine lange Geschichte: Bereits seit dem Mittelalter sind die gefüllten Teigtaschen äußerst beliebt.

RAVIOLI ALLA GENOVESE

ZUTATEN (für 6 Personen): Für den Teig: 400 g Mehl • 4 Eier • Salz für die Füllung: 150 g Kalbhackfleisch • 100 g Kalbsbries • 100 g Kalbsbrät • 1 altbackenes Brötchen • 200 g Mangoldblätter • 125 g Borretsch • 2 Eier • 3 EL frisch geriebener Parmesam • Salz und frisch gemahlener Pfeffer; zum Servieren: 75 g Butter • reichlich frischer Thymian • 75 g frisch geriebener Parmesan

1. TEIG HERSTELLEN: siehe Grundrezept S. 162.

2. GEMÜSE VORBEREITEN: Mangold- und Borretschblätter waschen und ohne Stiele in kochendem Salzwasser etwa 3 Minuten blanchieren. Anschließend kalt abspülen. Dann abtropfen lassen, gut ausdrücken und fein hacken. Am besten gibt man das Gemüse in eine Schüssel und stellt diese beiseite.

Ravioli alla Genovese

 45 min.

3. KALBSBRIES WÜRFELN: Das Kalbsbries in kochendem Wasser 5 Minuten blanchieren und anschließend kalt abschrecken. Von Häuten und Gefäßen befreien und in sehr kleine Würfel schneiden. Zum Gemüse geben.

4. BRÖTCHEN EINWEICHEN: Von dem Brötchen die Rinde abreiben und das weiche Innere etwa 10 Minuten in lauwarmem Wasser einweichen. Anschließend ausdrücken und mit einer Gabel zerpflücken.

5. FÜLLUNG MISCHEN: Hackfleisch und Kalbsbrät zum Gemüse in die Schüssel geben. Dazu 2 Eier, abgeriebene Semmelbrösel, das ausgedrückte Brötchen und 3 EL Parmesan geben und mit einem Holzlöffel zu einer glatten, geschmeidigen Masse kneten. Mit Salz und Pfeffer abschmecken. Die Füllung soll gut gebunden, dabei aber feucht sein. Wenn sie zu flüssig ist, gibt man noch etwas Paniermehl und geriebenen Parmesan dazu. Ist sie zu trocken, mischt man noch ein Eigelb unter.

6. RAVIOLI AUSSCHNEIDEN UND FÜLLEN: Jetzt die Teigkugel halbieren und beide Hälften auf einer leicht bemehlten Fläche etwa 2 mm dünn ausrollen. Mit einem Teigrädchen in 5 cm breite Streifen schneiden. Eine Hälfte der Streifen dann in Abständen von jeweils etwa 3 cm mit der Füllung belegen. Am besten nimmt man dazu einen Teelöffel. Die übrigen Teigstreifen werden darüber gelegt und die Ravioli müssen nur noch ausgeschnitten werden. Nicht vergessen, die Ränder leicht anzudrücken und mit einer Gabel ringsherum zusammenzudrücken, damit sie beim Kochen zusammenhalten. Vor dem Ko-

chen sollten die Ravioli noch auf einem bemehlten Tuch ausgebreitet werden und kurz antrocknen.

7. RAVIOLI KOCHEN: Ravioli in 3 Liter sprudelndes Salzwasser geben und etwa 3 Minuten garen. Dabei muss das Wasser nicht mehr kochen, es reicht, wenn die Ravioli nach dem Aufwallen nur noch ziehen.

8. ANRICHTEN UND SERVIEREN: Zum Schluss Butter zerlassen und den feingehackten Thymian hineingeben. Die Ravioli gut abtropfen lassen, mit der Thymianbutter beträufeln und mit frisch geriebenem Parmesan servieren.

Piemont & Aostatal

Kochen vom Feinstem

Das Piemont präsentiert ein Landschaftsbild wie aus dem Bilderbuch: von den Alpen dominiert, aber auch mit wunderschönen Hügellandschaften ausgestattet, die von Weinreben umgeben sind. Zudem malerische kleine Orte mit mittelalterlichen Stadtbildern und Schlössern.

Die Küche im Piemont ist sicher als vornehm zu bezeichnen. Denn vor allem im Gebiet um Alba findet man den teuersten und edelsten Pilz, den Trüffel – und zwar vor allem die weiße Sorte. Selbst das Obst aus Piemont ist etwas Besonderes, man denke nur an die Piemont-Kirsche.

Aber ganz so feudal wie es scheint, geht es im Piemont nun doch nicht immer zu. Abgesehen von den Trüffeln als sicher exklusiver Beigabe ist die norditalienische Küche hier ursprünglich eine Arme-Leute-Küche. Sie war – und ist – eng verbunden mit der Erde und ihren Früchten.

Die reichlichen Zutaten von Mutter Natur werden hier dank der Kreativität der einheimischen Köche zu einfachen, aber unglaublich schmackhaften Gerichten, allen voran das piemontesische Nationalgericht „Bagna Cáuda". Dieses Gemüsefondue, bei dem frisches Gemüse in eine heiße Sauce aus Sardellen, Knoblauch und Öl getunkt wird, bringt man auch heute noch zu Tisch. Es fehlt zum Beispiel nicht, wenn die Weinernte zu Ende ist und sich die Winzerfamilien zum Feiern treffen.

Ansonsten geht es überwiegend deftig zu in Norditalien. Pastavariationen mit kräftigen Saucen, Gnocchi aus Kartoffeln, dicke Bohnen, Salami und Wildschweingerichte findet man vielerorts.

TAUSCHHANDEL

Wie kommen die Sardellen in die Bagna Cáuda, das Nationalgericht der Weinbauernhöfe im Piemont? Die Antwort ist einfach: Vor ewigen Zeiten blühte ein reger Handel mit den Bauern der ligurischen Küste, die im Tausch für Butter, Käse und Weizen ihre Sardellen lieferten.

Je weiter man von Süden her kommend schließlich ins karge Gebirge des Aostatals vordringt, um so karger wird auch die Küche. Sie zeigt sich dafür aber deftig, sättigend und kalorienreich. Brotsuppen mit Käse leiten im Aostatal meist das Essen ein, geräucherter Speck, Butter und Sahne werden reich-

lich verwendet. Dazu gesellen sich dann aber schließlich noch feine Gerichte mit Süsswasserfischen. Denn die Gletscher der riesigen Gipfel, die das Aostatal umgeben – Montblanc, Matterhorn und Monte Rosa – speisen ein dichtes Netz von fischreichen Flüssen.

FETTUCCINE MIT WEISSEN TRÜFFELN

ZUTATEN (für 4 Personen): für die Sauce: 500 ml Sahne • 2 rote Chilischoten • 1 TL Trüffelöl • Salz • weißer Pfeffer aus der Mühle; außerdem: 60 g weiße Trüffel • 1 EL Basilikum • frisch geriebener Parmesan • 600 g Fettuccine

1. ZERKLEINERN: Die Chilischoten werden zunächst aufgeschnitten, von den Samen und Scheidewänden befreit und in feine Streifen geschnitten.

2. SAHNESAUCE KOCHEN: Sahne in einer Kasserolle etwa auf die Hälfte einkochen. Dann die Hitze reduzieren und das Trüffelöl sowie die Chilistreifen einrühren. Die Sahnesauce mit Salz und Pfeffer würzen.

3. PASTA KOCHEN: Die Fettuccine in einem großen Topf in sprudelndem Salzwasser al dente kochen, anschließend abgießen und gut abtropfen lassen.

4. TRÜFFEL ZUGEBEN UND SERVIEREN: Die Nudeln auf vorgewärmte Teller verteilen und mit der Sauce übergießen. Jetzt werden die Trüffel hauchdünn darübergehobelt. Zuvor, aber auf jeden Fall erst unmittelbar vor dem Hobeln, die Trüffel nur ganz kurz unter fließendem kalten Wasser abbürsten und sofort abtrocknen. Auf keinen Fall dürfen die Trüffel Wasser aufsaugen. Unsaubere Vertiefungen mit einem spitzen, scharfen Messer sparsam ausschneiden. Das Gericht nun mit Basilikum und Parmesan bestreuen und sofort servieren.

Fettuccine mit weißen Trüffeln

30 min

Lombardei

Üppige Spezialitäten

In der Lombardei wird wie im gesamten Norden Italiens ziemlich üppig gegessen: Butter, Sahne und Gorgonzola sind beliebte Zutaten. Doch anders als im übrigen Italien spielten hier nicht die Pasta, sondern der Reis die Hauptrolle.

Für die Lombarden geht ohne Butter und Reis nichts, sie bilden den Mittelpunkt der meisten Gerichte. Bereits im 15. Jahrhundert wurden hier die ersten Reisfelder angelegt. Schon früh unterschied man in der Po-Ebene zwischen japanischem und indischem Reis, wobei der japanische höchstwahrscheinlich für die heute geernteten Reissorten wie Baldo, Arborio und Carnaroli verantwortlich war. Er hat sich am besten dem Klima angepasst und zu guten Ernteergebnissen geführt.

Mittelpunkt der kulinarischen Lombardei ist die pulsierende Metropole Mailand, die umgeben ist von der fruchtbaren Po-Ebene, in der so ziemlich alles wächst. Hier schätzt man neben dem Reis vor allem die zweite Spezialität der Lombardei, den Blauschimmelkäse Gorgonzola, der im gleichnamigen Ort entdeckt wurde.

Er spielt auch die Hauptrolle bei den meisten Pastagerichten - ob als zentrales Element der Sugo oder im Zusammenspiel mit anderen Käsesorten. Es gibt unzählige Varianten, unter anderem kombiniert mit Schinken.

Beim Hauptgang ist es vor allem ein klassisches Gericht, das weit verbreitet und berühmt wurde: „Ossobuco", Kalbshaxe mit Knochenmark in Ragout geschmort. Rindfleisch wird in der Lombardei ebenso häufig gegessen. Erst an untergeordneter Stelle tauchen die Forellen aus dem Comer See oder dem Langensee auf der Speisekarte auf.

Die berühmtesten Süßigkeiten der Lombardei sind Panettone, Hefekuchen mit Rosinen und Früchten, die vor allem zu Weihnachten serviert werden.

Pasta al Gorgonzola

30 min.

Pasta al gorgonzola

ZUTATEN (für 4 Personen): für die Sauce: 200 g Gorgonzola • 1 EL Olivenöl • 1 kleine Zwiebel • 1 Knoblauchzehe • 400 ml Sahne • einige Salbeiblätter • gemahlener weißer Pfeffer • bunte Pasta

1. ZERKLEINERN: Zunächst den Gorgonzola von der Rinde befreien und in Würfel schneiden. Die Zwiebel und den Knoblauch fein hacken. Die Salbeiblätter in Streifen schneiden.

2. ZWIEBEL UND KNOBLAUCH ERHITZEN: Nun das Öl in einem Topf erhitzen und die Zwiebel- und Knoblauchwürfel darin andünsten, bis sie glasig sind.

3. SAUCE KOCHEN: Sahne, Salbei und Gorgonzola zugeben und bei schwacher Hitze unter ständigem Rühren garen, bis der Käse geschmolzen ist. Mit Salz und Pfeffer abschmecken.

4. PASTA KOCHEN: Parallel dazu die Nudeln in einem großen Topf in sprudelndem Salzwasser al dente kochen.

5. MISCHEN UND SERVIEREN: Die al dente gekochten Pasta abgießen, mit der Gorgonzolasauce vermischen und sofort heiß servieren. Zu diesem Gericht wird kein Parmesan gereicht.

Südtirol & Trentino

Wie in allen Grenzgebieten zeichnet sich natürlich auch die autonome Provinz Südtirol durch eine länderübergreifende Kultur und damit auch Esskultur aus.

Vor allem Knödel, Speck und Schupfnudeln aus Kartoffelteig zeigen, dass beispielsweise auch Gerichte aus Österreich an der italienischen Grenze nicht Halt machen. Und umgekehrt genauso: Nördlich der Alpen profitiert man von dem ausgedehnten Obstanbau der klimatisch begünstigten Region Südtirol.

Obst, allem voran Äpfel, gibt es hier in Hülle und Fülle. Zur Ernte stehen ganze Familien auf wackeligen Leitern in den Bäumen. Im Frühjahr strahlen die Berghänge in duftigem Weiß und zartem Rosa der blühenden Bäume. Sogar Weinstöcke finden hier gute Bedingungen.

Aber auch wenn das Frühjahr in Südtirol und im Trentino sehr mild ist, so sind die Winter lang und streng. Deftige, sättigende und kalorienreiche Gerichte sind daher typisch für die Alpenregionen – Brot, Käse und Sahne sind stets mit von der Partie, wenn gegessen wird.

Das Schlachten von Schweinen im November und Dezember erlaubt es den Bergbauern, während des harten Winters auf einen Vorrat an Fleisch zurückzugreifen. Die luftgetrockneten Schinken, die hier produziert werden, sind besondere Spezialitäten.

In tieferen Lagen, vor allem des Trentino, gedeihen Gemüse in Hülle und Fülle. Eine Augenweide sind die Gemüsemärkte in den Städten. Reich ist daher auch der Schatz an vegetarischen Gerichten. Darüber hinaus gibt es schließlich noch einige kulinarische Kreationen mit Süßwasserfischen wie Forellen und Renken aus den klaren Gebirgsbächen und den vielen Seen – diese sind jedoch nicht so dominierend auf dem Speiseplan.

Schlutz-krapfeln

75 min.

Schlutzkrapfeln

- ZUTATEN (für 4 Personen): für den Teig: 125 g Roggenmehl • 125 g Weizenmehl • 1 Ei • Salz • 1 EL Öl; für die Füllung: 400 g Spinat • 4 EL gehackte Petersilie • 1 Zwiebel • 120 g Butter • 1 EL Mehl • $^1/_8$ l Milch • 50 g Parmesan • Salz • Pfeffer • Muskatnuss

1. TEIG HERSTELLEN: Mehl, Eier, Salz und Öl evtl. unter Zuhilfenahme von etwas lauwarmem Wasser zu einem Teig kneten.

2. SPINAT VORBEREITEN: Den Spinat waschen und in kochendem Salzwasser gar kochen. Anschließend kalt abspülen, abtropfen lassen, gut ausdrücken und sehr fein hacken. Mit der Petersilie vermengen.

3. FÜLLUNG HERSTELLEN: Die Zwiebel klein schneiden und in 20 g Butter kurz anrösten. Mit Mehl anstäuben und Milch zugeben. Gut verrühren und etwas einkochen lassen. Dann den Spinat zugeben, mit Salz, Pfeffer, Muskat und einem Eßlöffel Parmesan abschmecken. Die Füllung erkalten lassen.

4. TEIG VORBEREITEN: Den Teig dünn ausrollen und mit einer runden Form (8–10 cm) runde Stücke ausstechen. Geeignet ist ein umgestülptes, breites Glas. Dabei zügig arbeiten, damit der Teig nicht austrocknet.

5. TASCHEN FÜLLEN: Mit einem kleinen Löffel die Füllung auf die Teigstücke geben, zu einem Halbrund zusammenklappen und die Ränder mit den Fingern fest andrücken.

6. KOCHEN UND SERVIEREN: Die Schlutzkrapfeln 5 Minuten in Salzwasser garen. Restliche Butter zerlassen. Dann die Teigtaschen auf Tellern oder in einer Schüssel anrichten, mit der zerlassenen Butter beträufeln und frischen Parmesan darübergeben.

Emilia-Romagna

Das Land der Spezialitäten

Die reichhaltigste und vielfältigste unter allen Küchen Italiens ist sicher die der Emilia-Romagna. Aus dieser Region stammen die meisten Spezialitäten, die auch im Ausland berühmt und sehr beliebt sind.

Dazu zählen der feinwürzige Aceto Balsamico, der zwischen 12 und 25 Jahren in Fässern unterschiedlicher Größe und Holzarten reift, der weltweit geschätzte Parmaschinken, Mortadella und viele andere Wurstwaren, sowie – last but not least – der berühmte Parmigiano Reggiano, jener Hartkäse, der fast jedes Pastagericht begleiten muss.

Bologna ist die Hauptstadt dieser Region. Sie trägt auch den Beinamen „La Grassa“, was soviel wie fett, üppig oder auch reich bedeutet. Aus Bologna stammt auch das „Ragù Bolognese“, eine der bekanntesten, wenn nicht die berühmteste aller Pastasaucen mit Fleisch überhaupt. Und auch die ge-

füllten Nudelkringel, die Tortellini heißen, spielen in Bologna eine wichtige Rolle: Sie werden traditionell als Vorspeise beim Weihnachtsmenü gereicht. Ob sie tatsächlich hier auch erfunden wurden, weiß man nicht ganz genau.

Tatsächlich kennt die Küche der Emilia-Romagna schließlich eine Vielfalt an Pastagerichten. Es ist sozusagen die Heimat der hausgemachten Pasta, der Lasagne, der Tagliatelle und so weiter. Zumindest am Sonntag werden die Nudeln auch heute noch selbst zubereitet. Allerdings werden sie hier in erster Linie aus Weizenmehl und Eiern hergestellt, während sie weiter im Süden dann fast nur noch aus Hartweizengrieß und Wasser entstehen.

Nudelfüllungen und Pastasaucen enthalten außer Fleisch meist auch Schinken, Parmesan und Ricotta. Alles wird mit viel Zeit und Geduld zubereitet, die Küche ist üppig und substanziell – kaum einer kann ihr widerstehen.

Penne al prosciutto

Penne al Prosciutto

20 min.

- ZUTATEN (für 4 bis 6 Personen): 150 g Parmaschinken • 50 g frisch geriebener Parmesan • 1 kleine Zwiebel • 50 g Butter • Salz • frisch gemahlener Pfeffer • 500 g Penne

- 1. PASTA KOCHEN: In einem großen Topf 3 Liter Salzwasser zum Kochen bringen und die Pasta darin al dente kochen.

- 2. SCHINKEN SCHNEIDEN: Schinken in kleine Würfel schneiden, dabei den mageren vom fetten Teil trennen. Zwiebel fein hacken.

- 3. ANBRATEN: In einer großen Pfanne die Butter schmelzen, das Fett vom Schinken dazu geben und leicht anbraten. Die Zwiebel dazu geben und glasig dünsten. Dann magere Schinkenwürfel einrühren und unter Rühren sanft braten.

- 4. VERMISCHEN: Die Penne gut abtropfen lassen und dann in die Pfanne geben. Dabei gründlich untermischen und mit Salz und Pfeffer abschmecken.

- 5. SERVIEREN: Nudeln auf vorgewärmte Teller verteilen, mit frisch geriebenem Parmesan bestreuen und servieren.

Anderer Schinken

Wenn kein Parmaschinken zur Verfügung steht, kann man selbstverständlich auch andere Schinkenarten verwenden. Der typische Geschmack dieses Rezepts geht dann allerdings verloren.

Venetien und Friaul

Küche mit internationaler Prägung

Die Küche Venetiens gilt als edel, leicht und bekömmlich. Denn sie ist geprägt von zwei geografischen Gegebenheiten: dem Meer mit dem Fischfang auf der einen und der der Poebene mit den zahlreichen Reisfeldern auf der anderen Seite.

Als führende Handelsmacht des Mittelmeeres kam Venedig als erste europäische Stadt mit exotischen Gewürzen und Früchten aus Übersee in Berührung, die sich so natürlich in vielen Gerichten wiederfinden. Die Region Veneto teilt sich auf in eine gebirgige Gegend im Norden, die bis an die österreichische Grenze reicht und eine flache große Tiefebene im Süden. Kulinarisch zählt das Veneto zu den hochentwickelten Gebieten Italiens.

Die Speisekarte Venetiens hat viele berühmte Delikatessen wie das venezianische Perlhuhn oder den knackig-roten, leicht bitteren Salat Radicchio di Treviso zu bieten.

Eine venezianische Spezialität sind kernige Spaghetti aus Vollkornmehl, genannt „Bigoli". Sie wurden im Veneto schon immer an Fastentagen wie Aschermittwoch oder Karfreitag gereicht. Dazu gibt es traditionell eine Sauce aus Sardellen, Zwiebeln und Olivenöl. Heute werden die Vollkornspaghetti aber auch gern mit geschmorter Wachtel oder Perlhuhn serviert.

Im östlich benachbarten Friaul spürt man dagegen bereits deutlich slowenische, österreichische und ungarische Einflüsse. Die Küche spiegelt hier sozusagen die Spuren der Weltpolitik früherer Jahrhunderte wider. Jota beispielsweise ist eine schwere Suppe aus Bohnen, Kohl und Speck und stammt aus dem Kärntener Bergland.

Weiterhin gibt es im Friaul Cevapcici und Gulasch sowie Knödel, Strudel und Wiener Schnitzel. An der Küste werden aber natürlich auch die venezianischen Fischgerichte angeboten. Eine typische Spezialität aus dem Friaul ist der zarte, luftgetrocknete Prosciutto San Daniele aus der gleichnamigen Stadt nordwestlich von Udine.

Das Friaul ist überdies, vor allem in den Hügelzonen, ein Land voller wilder Kräuter, die in der Küche ihre Verwendung finden. So etwa wächst die Rauke fast überall, ebenso wie der Kümmel, der in den Bergen im Brot mitgebacken wird.

Einen herzhaften Genuss bieten z.B. „Pizzoccheri“, Vollkornnudeln aus Buchweizenteig. Diese Nudeln bekommt man vor allem in Reformhäusern und Bioläden. Man kann sie auch selbst zubereiten. Wichtig ist dabei vor allem das gemeinsame Sieben von Buchweizen- und Weizenmehl in eine Schüssel, damit sich beide Mehlsorten gut vermischen und den nötigen Sauerstoff aufnehmen können. Ansonsten bereitet man die Nudeln wie alle Vollkornnudeln ohne Ei zu (siehe Seite 175).

PIZZOCCHERI MIT SALBEI

ZUTATEN (für 4 Personen): 250 g Kartoffeln • 300 g Bergkäse • 200 g Mangold • 2 Knoblauchzehen • 150 g Butter • 6 Salbeiblätter • 100 g frisch geriebener Parmesan • 400 g Buchweizennudeln.

1. ZERKLEINERN: Kartoffeln schälen und in 1 cm große Würfel schneiden. Den Bergkäse ebenfalls 1 cm groß würfeln. Mangold waschen und in Streifen schneiden. Dann auch den Knoblauch schälen und ebenfalls in dünne Streifen schneiden.

2. PASTA KOCHEN: In einem großen Topf reichlich Salzwasser aufkochen. Darin zuerst die Kartoffeln 10 Minuten kochen. Dann die Buchweizennudeln hinzugeben. Nach weiteren 10 Minuten fügt man schließlich den Mangold zu und lässt ihn noch 2 Minuten mitkochen. Dann das Wasser abgießen.

3. SALBEIBUTTER SCHWITZEN: In einem Topf die Butter zerlassen, den Knoblauch darin hell anschwitzen und die Salbeiblätter zugeben.

4. SCHICHTEN: Die Hälfte der Nudel-Kartoffelmischung in eine vorgewärmte Schüssel geben. Dann die Käsewürfel darüber verteilen und mit der restlichen Nudel-Kartoffelmischung bedecken. Das ganze mit Salbeibutter begießen und mit Parmesan bestreuen. Alternativ kann man das Gericht auch direkt auf Tellern anrichten.

Pizzoccheri mit Salbei

 40 min.

Toskana, Umbrien & Marken

Einfach, aber frisch kochen

Sanfte Hügellandschaften, schlanke Zypressen und altes Gemäuer – bei diesem Bild denkt man ohne Zweifel sofort an die Bilderbuchlandschaften der Toskana. Doch das ist nur ein Ausschnitt aus der Vielfalt der mittleren Gebiete Italiens: Weite Täler mit fruchtbaren Böden wechseln sich hier mit dichten Wäldern und sanften Olivenhainen ab. Und selbst die rauen Bergzüge des Apennin gehören mit dazu.

Alles was hier wächst und gedeiht findet in der Regionalküche Verwendung. Man greift ausschließlich zu einfachen, aber stets frischen Zutaten wie z.B. Bohnen. Die Küche ist bäuerlich-robust und ursprünglich.

Anstelle der vielen in Öl eingelegten Antipasti, die in anderen Regionen gern aufgetischt werden, reicht man in der Toskana Wurst, Schinken

und Crostini als Vorspeisen. Fleisch wird vorwiegend auf dem Rost gebraten – vor allem Geflügel, Wild und nicht zu vergessen das berühmte „Bistecca alla Fiorentina“, ein sehr großes Stück Fleisch von den weißen Chianina-Rindern, das über einer Holzglut gegrillt wird.

Ähnlich geht es in den benachbarten Regionen Umbrien und Marken zu. Die Regionen leben von der Landwirtschaft: Wein, Getreide, Sonnenblumen, Oliven, Gemüse und Obst werden angebaut, Schweine, Rinder und Schafe gezüchtet.

Neben vielen beliebten Wurstsorten gilt Umbriens Stolz einer lokalen Spezialität: Schwarze Trüffel, die vor allem in der Gegend von Norcia wachsen. Ein besonderes Gericht ist hier „Tegamaccio“, eine Fischsuppe, die nur aus Süßwasserfischen gekocht wird. Denn die viele Flüsse und Seen Umbriens warten mit delikaten Fischen auf.

Dennoch kommt auch hier die Pasta nicht zu kurz: In den Marken serviert man gern „Vin cisgrassi“, Nudelplatten, die mit Hühnerleber-Pilzragout gefüllt und mit Bechamelsauce überbacken werden. Und in der Toskana schätzt man Paglia e Fieno (Stroh und Heu), eine Mischung aus gelben und grünen Nudelstreifen mit würziger Sahne-Pilzsauce. Der Name bezieht sich natürlich nur auf die Optik, nicht aber auf den Geschmack.

PAGLIA E FIENO

Paglia e Fieno

40 min.

ZUTATEN (für 4 bis 6 Personen): 100 g milder roher Schinken • 300 g frische Pilze (Champignons, Austernpilze, Pfifferlinge oder Steinpilze) • Saft einer halben Zitrone • $\frac{1}{2}$ Bund Petersilie • $\frac{1}{2}$ Bund Basilikum • 200 g Sahne • 150 ml Fleischbrühe • 1 Knoblauchzehe • $1\frac{1}{2}$ EL Butter • Salz • Pfeffer aus der Mühle • 50 g frisch geriebener Parmesan • je 250 g weiße und grüne Bandnudeln

1. ZERKLEINERN: Den rohen Schinken in schmale Streifen schneiden, die Pilze putzen und in dünne Scheibchen schneiden. Pilze mit 1 Esslöffel Zitronensaft beträufeln. Petersilie fein hacken. Basilikumblättchen abzupfen.

2. SAHNESAUCE KÖCHELN: In einem breiten Topf $\frac{1}{2}$ Esslöffel Butter zerlassen, die Knoblauchzehe hineinpressen und andünsten. Die Sahne und die Fleischbrühe angießen und bei starker Hitze cremig einkochen. Mit Salz, Pfeffer und Zitronensaft abschmecken.

3. PASTA KOCHEN: Gleichzeitig in einem großen Topf 4 Liter Salzwasser zum Kochen bringen und die Pasta darin al dente garen.

4. PILZE BRATEN: In einer Pfanne 1 Esslöffel Butter zerlassen und portionsweise die Pilze darin anbraten. Petersilie und Schinkenstreifen untermischen und bei geringer Hitze mitbraten. Mit Salz und Pfeffer abschmecken.

5. VERMENGEN: Pasta gut abtropfen lassen und in einer vorgewärmten Schüssel locker mischen. Dann die Sahnesauce über die Nudeln gießen und anschließend mit der Pilz-Schinken-Mischung bedecken. Mit Basilikumblättchen bestreuen.

6. WÜRZEN UND SERVIEREN: Paglia e fieno aus der Mühle grob pfeffern und mit frisch geriebenem Parmesan servieren.

Latium

KÖSTLICHKEITEN AUS ROM

Die Römer bevorzugen in der Küche am liebsten Hausmannskost wie beispielsweise „Bucatini all'amatriciana", „Spaghetti alla carbonara" oder „Penne all'arrabiata".

In der Region rund um die italienische Hauptstadt versteht man es aufs Beste, bodenständige Gerichte zu verfeinern. Dieses kulinarische Kunststück gelang, weil die römischen Hausfrauen in Laufe der Jahrhunderte aus einer Not eine Tugend machten: Denn in der Ewigen Stadt verzehrten natürlich die Päpste und der Adel das feine Fleisch, während sich das Volk mit den Innereien und den weniger edlen Teilen begnügen musste. Ein gutes Beispiel dafür sind die „Pasta alla romana", die man als römisches Volksgericht bezeichnen kann.

Außerdem leben in Rom Traditionen – wen wundert's in solch einem geschichtsträchtigen Umfeld. Noch wesentlich stärker als in anderen Städten Mittelitaliens haben sich hier daher auch traditionelle Gerichte gehalten.

Darüber hinaus haben die Römer allerdings keine Probleme damit, Spezialitäten aus umliegenden Regionen zu übernehmen oder gar weiterzuentwickeln. Die Küche Latiums scheint mit allem etwas anfangen zu können.

Hauptsache ist, dass die Speisen nicht zu gekünstelt oder aufwändig zubereitet sind – dann schon lieber kräftig und gehaltvoll. Dabei werden die Nudelgerichte in Latium schon häufiger mit geriebenem Schafskäse serviert – es geht also unverkennbar in Richtung südliche Küche.

FETTUCCINE ALLA ROMANA

ZUTATEN (für 4 bis 6 Personen): für die Grundsauce: 250 g Hühnerklein • 50 g durchwachsener Speck • 1 Zwiebel • 1 Möhre • 1 Knoblauchzehe • 2 Gewürznelken • 1 Lorbeerblatt • 2 EL Olivenöl • 2 EL Tomatenmark • ¼ l Weißwein • Salz • frisch gemahlener Pfeffer; außerdem: 250 g Hühnerleber • 50 g roher Schinken • 2 Tomaten • 2 Frühlingszwiebeln • 20 g getrocknete Steinpilze • 50 g frisch geriebener Parmesan • 2 EL Butter • Salz • gemahlener Pfeffer • 400 g Fettuccine (8 Nudelnester)

1. PILZE EINWEICHEN: Zunächst müssen die getrockneten Steinpilze in Wasser eingeweicht werden.

2. VORBEREITEN: Speck in Würfel schneiden. Möhre und Zwiebel ebenfalls fein würfeln. Die Tomaten häuten und kleinschneiden. Frühlingszwiebeln waschen und fein hacken. Den Schinken in dünne Streifen schneiden.

Fettuccine alla Romana

3. GRUNDSAUCE KOCHEN: Den Speck in einer Pfanne mit 2 EL Olivenöl auslassen. Das Hühnerklein in das heiße Speckfett geben und rundherum anbraten. Möhre und Zwiebel ebenfalls dazugeben. Alles kurz anschmoren. Die Knoblauchzehe durch die Presse dazudrücken und mit Salz und Pfeffer würzen. Außerdem die Gewürznelken und das Lorbeerblatt hineingeben und den Weißwein angießen. Das Ganze muss nun etwa 30 Minuten köcheln.

4. TRENNEN: Sauce durch ein feines Sieb geben, sodass ein Sud entsteht. Dann zwei Esslöffel Tomatenmark unterrühren und erst einmal beiseite stellen.

5. SCHINKEN ANBRATEN & PILZE ZUGEBEN: In einer Pfanne einen Esslöffel Butter zerlassen und die Frühlingszwiebeln und den Schinken bei milder Hitze anbraten. Die Pilze abtropfen lassen und kleinschneiden. Dann mit dem Sud in die Pfanne geben.

6. SAUCE UND TOMATEN ZUGEBEN: Die vorbereitete Grundsauce wird jetzt angegossen. Etwa 10 Minuten sollte es köcheln. Nun die Tomatenwürfel unterrühren und mit Salz und Pfeffer würzen.

7. PASTA KOCHEN: Parallel dazu die Nudeln in 3 Litern Salzwasser al dente kochen.

8. LEBER ANBRATEN UND ZUGEBEN: Hühnerleber in kleine Stücke schneiden. Nun in einer weiteren Pfanne 1 Esslöffel Butter zerlassen und die Leberstück-

chen unter Rühren 3 Minuten braten. Salzen und pfeffern und unter die Tomatensauce mischen.

9. SERVIEREN: Fettuccine abgießen, auf vorgewärmte Teller verteilen und mit der Sauce begießen. Den geriebenen Käse dazureichen und servieren.

Sardinien

DIE KÜCHE DER SCHÄFER

Sardinien ist eine äußerst dünn besiedelte Insel, deren Einwohner stets am Rande der Geschichte Italiens lebten und leben. Bis heute haben sie beispielsweise ihre eigene Sprache beibehalten und natürlich ihre Küche.

Der typische Sarde ist Schafhirte und nicht – wie man aufgrund der Insellage denken könnte – Fischer oder Seemann. Daher sind auch heute noch die Küsten weniger bewohnt als das Landesinnere.

An sardischen Festtagen bleibt die Küche kalt und es wird ein Brauch der ursprünglichen sardischen Hirtenküche zelebriert: Es gibt „Arrosti" an großen offenen Feuerstellen. Dann werden Lämmer und Zicklein, die nur wenige Wochen alt sind, an Spießen gegrillt – ein Gericht mit zartestem Fleisch.

Abgesehen von solch einem typischen Festtagsmahl ist die Küche Sardiniens sehr einfach und kräftig: Man liebt Suppen mit Brot, Milch, Fleisch und auch Teigwaren. Oft wird nur in einem Topf gekocht und mit heimischen Kräutern gewürzt.

Das wichtigste Erzeugnis Sardiniens ist natürlich der Schafskäse, der „Pecorino sardo". Hier gibt es eine besonders würzige Variante, hergestellt wird er in allen Reifegraden und Konsistenzen. Er ist auch wichtigster Bestandteil eines der beliebtesten Pastagerichte der Insel, den gefüllten Culingionis.

Culingionis

ZUTATEN (für 4 bis 6 Personen): für den Teig: 200 g Mehl • 200 g Hartweizengrieß • 3 Eier • Salz; für die Füllung: 300 g Blattspinat • 200 g frischer weicher Schafskäse • 2 EL Butter • Muskatnuss • Salz • frisch gemahlener Pfeffer; außerdem: 500 g reife Tomaten • 2 EL Olivenöl • 50 g frisch geriebener Pecorino • Salz • frisch gemahlener Pfeffer

1. TEIG KNETEN: Mehl, Hartweizengrieß, Eier und eine Prise Salz zu einem glatten Nudelteig kneten. Wenn der Teig zu trocken ist, etwas Wasser untermischen. Teig anschließend zur Kugel formen und mit einem feuchten Tuch bedeckt etwa 30 Minuten ruhen lassen.

2. SPINAT HACKEN UND DÜNSTEN: Für die Füllung der Nudeltaschen den Blattspinat putzen, waschen und tropfnass in einen heißen Topf geben. Spinat zusammenfallen und abkühlen lassen, ausdrücken und fein hacken. Dann mit 2 Esslöffeln Butter in einer Pfanne kurz andünsten und mit Salz, Pfeffer und Muskatnuss würzen.

Culingionis

3. MIT SCHAFSKÄSE VERMISCHEN: Den frischen Schafskäse in kleine Stücke schneiden und in einer Schüssel mit dem Spinat vermischen.

4. TOMATENSAUCE KÖCHELN: Für die Tomatensauce die Tomaten häuten, Stielansätze und Samen entfernen danach klein hacken (siehe Seite 111). Dann zwei Esslöffel Olivenöl in einem Topf erhitzen, die Tomatenstückchen hineingeben und bei milder Hitze einköcheln lassen. Etwas Salz und Pfeffer zugeben.

5. TEIGTASCHEN AUSSCHNEIDEN UND FÜLLEN: Den Nudelteig halbieren und auf einer bemehlten Arbeitsfläche sehr dünn ausrollen. Auf eine der Teigplatten im Abstand von jeweils 5 Zentimetern einen Teelöffel von der Spinat-Käsefüllung setzen. Die zweite Teigplatte dann vorsichtig darüberlegen und mit einem Teigrädchen die Teigtaschen ausschneiden. Nicht vergessen die Ränder der Culingionis leicht anzudrücken und mit einer Gabel ringsherum zusammenzudrücken, damit sie beim Kochen zusammenhalten. Kurz antrocknen lassen.

6. KOCHEN: In einem großen und breiten Topf 3 Liter Salzwasser aufkochen und die Teigtäschchen hineingeben. Nach dem Aufwallen müssen sie etwa 7 Minuten ziehen. Dann herausnehmen und abtropfen lassen.

7. SERVIEREN: Culingionis auf vorgewärmte Teller verteilen, mit der Tomatensauce vermischen und mit geriebenem Pecorino bestreuen. Sofort servieren.

Kampanien

Die Heimat von Pasta und Pizza

In Kampanien kommt man den Ursprüngen der italienischen Nudeln besonders nah. Denn in der Gegend um Neapel sollen die italienischen Pasta erfunden worden sein. Allerdings: Auch die Sizilianer beanspruchen die Geburt der Pasta für sich. Wie dem auch sei, die Vielfalt der Pastasorten, die in Neapel und ganz Kampanien serviert werden, spricht für sich.

Zugleich beansprucht man hier die Erfindung der Pizza: Vor allem die klassische Pizza Margherita wurde in Neapel 1889 zu Ehren der ersten Königin Italiens in den Nationalfarben kreiert: mit roten Tomaten, weißem Mozzarella und grünem Basilikum.

Die Küche Kampaniens ist von zwei Zutaten geprägt: Käse und Gemüse. Letzteres brachte den Neapolitanern den Beinamen „Mangiafoglie" ein, was soviel bedeutet wie „Blattesser". In den Gärten zieht man liebevoll alle erdenklichen Gemüsearten und rund um den Vesuv baut man Kartoffeln, Fenchel, Artischocken und Paprika an.

Doch die eigentliche Spezialität sind Tomaten. Die gibt es in Kampanien in Hülle und Fülle. Und von hier aus wurde das rote Gemüse schließlich auch erst international populär – in Neapel steht nämlich die Wiege der Tomaten-Konservenindustrie.

Neben Gemüse spielt vor allem auch Käse eine wichtige Rolle: Sorten wie Mozzarella, Provolone und Caciocavallo, die aus dieser Region stammen, sind in der Cucina Italiana unverzichtbar.

Was die Pasta betrifft, stammen von hier auch viele der bekanntesten Gerichte mit Meeresfrüchten – denn Neapel mit seinem riesigen Hafen lebt auch entscheidend vom Fischfang.

Spaghetti alla vongole

- ZUTATEN (für 4 Personen): 1 kg frische Venusmuscheln • 2 Bund glatte Petersilie • 1 Zwiebel • 3 Knoblauchzehen • 1/4 l Weißwein • 6 EL Olivenöl • 2 EL weiche Butter • 2 EL Zitronensaft • 8 Pfefferkörner • Salz • frisch gemahlener Pfeffer • 400 g Spaghetti

- 1. MUSCHELN PUTZEN UND KOCHEN: Muscheln unter fließendem Wasser gründlich waschen und abbürsten. Bereits geöffnete Muscheln wegwerfen. Die geschlossenen Muscheln in einen großen Topf geben und mit dem Weißwein aufkochen.

Spaghetti alla Vongole

60 min.

Die Muscheln sind gar, wenn sich die Schalen öffnen. Das geschieht in der Regel nach etwa 5 Minuten. Jetzt werden alle ungeöffneten Muscheln weggeworfen. Die anderen aus dem Topf nehmen und auskühlen lassen. Den Sud durch ein feines Sieb gießen und auffangen.

2. ZERKLEINERN: 1 Bund Petersilie, die Zwiebel und die Knoblauchzehen sehr fein hacken.

3. ANDÜNSTEN UND KOCHEN: In einem Topf 4 Esslöffel Olivenöl erhitzen und die Kräuter-Gewürzmischung unter ständigem Rühren andünsten. Den Muschelsud angießen und auf die Hälfte einkochen lassen.

4. PASTA KOCHEN: In einem Spaghettitopf 4 Liter Salzwasser aufkochen und die Spaghetti darin al dente kochen.

5. MUSCHELN WÜRZEN: Muscheln in der Sauce nochmals heiß werden lassen, aber nicht mehr kochen. 2 Esslöffel Butter einrühren und mit Zitronensaft, Salz und Pfeffer würzen.

6. VERMISCHEN UND SERVIEREN: Die übrige Petersilie fein hacken und die Pfefferkörner im Mörser zerstoßen. Die Spaghetti abgießen und 2 Esslöffel Olivenöl und die Muschelsauce untermischen. Auf vorgewärmten Tellern verteilen, mit Petersilie und Pfeffer bestreuen und servieren.

Aus der Dose

Wenn man keine frischen Venusmuscheln bekommt, kann man stattdessen auch 400 Gramm Muschelfleisch aus der Dose nehmen.

Abruzzen, Molise & Apulien

Die Küche der Peperoncini

Am Absatz und Sporn des italienischen Stiefels kocht man am liebsten mit Gemüse und serviert dazu reichlich Brot. Beliebt sind auch Teigwaren – allen voran Maccheroni. Aber ganz gleich, welches Gericht man kocht: Zum Würzen müssen stets ein paar frische Peperoncini griffbereit zur Verfügung stehen. Denn die Süditaliener lieben es scharf. Die höllisch scharfen Pfefferschoten sind eine unverzichtbare Zutat vieler Gerichte dieser Region.

Während die beiden kleineren Regionen Abruzzen und Molise, die auf kleinster Fläche Landschaftsformen von fast 3000 Meter hohen Felsmassiven über Hochebenen und Vorgebirge bis hin zu goldschimmernden Sandstränden am Meer bieten, präsentiert Apulien eher das Gegenteil: Riesige Weizenfelder erstrecken sich einheitlich über eine große Ebene. Oliven, Reben und Gemüse gedeihen hier prächtig neben Weizen.

Kulinarisch sind die Gebiete trotz ihrer Verschiedenheit aber dennoch eng verbunden – und zwar durch die traditionelle Weidewirtschaft der Schäfer, die über lange Zeit das Leben bestimmte. Da die Herden jeweils im Frühjahr auf höher gelegene Weiden getrieben wurden, wo sie den Sommer über blieben, bis sie im Herbst dann wieder ins Tiefland zogen, brachten die Schäfer stets neue Gerichte aus den Gebieten ihres Weidebereiches mit. Die Schäfer kochten früher in einem Kessel, der an Ketten über dem offenen Feuer hing. So bereitete man natürlich in erster Linie Eintöpfe zu, deren Rezepte noch heute gern Verwendung finden.

Die Küche dieser Region ist entsprechend einfach. Keine komplizierten Zubereitungen und Zutaten. Man nimmt, was gerade zur Verfügung steht – Lamm-, Schaf- und Hammelfleisch, Gemüse, Schafskäse und Teigwaren. Hülsenfrüchte wie Linsen und Bohnen sind besonders beliebt. Nudeln mit Linsen sind so ein ebenso typisches wie delikates Essen der Region Apulien.

Ein Blick auf die Landkarte Italiens genügt, um zu sehen, wie viele Kilometer Küste Apulien hat und demzufolge viele Menschen auch vom Fischfang leben. Meeresgetier aller Art ist daher fast selbstverständlich auf vielen Speisekarten zu finden.

Pasta e lenticchie

ZUTATEN (für 6 Personen): 100 g durchwachsener Speck • 4 Stangen Staudensellerie • 200 g braune Linsen • 1/8 l Weißwein • 1 Zwiebel • 2 Knoblauchzehen • 4 EL Olivenöl • Salz • frisch gemahlener Pfeffer • 600 g Fussili

Pasta e Lenticchie

1. EINWEICHEN: Die Linsen mit Wasser bedeckt über Nacht einweichen (12 Stunden).

2. KLEINSCHNEIDEN: Am nächsten Tag den Speck und die Zwiebel klein würfeln. 2 Selleriestangen waschen und in Scheiben schneiden.

3. ANBRATEN: 1 EL Olivenöl in einem großen Topf erhitzen und die Speckwürfel darin anbraten. Sellerie und Zwiebel zugeben und glasig dünsten. Die Linsen mitsamt dem Einweichwasser ebenfalls in den Topf geben. Mit 2 durchgepressten Knoblauchzehen würzen.

4. KOCHEN: Etwa 40 Minuten sollten die Linsen sanft kochen, dabei nach und nach den Weißwein und bei Bedarf etwas Wasser angießen. Die Konsistenz der Linsen sollte suppig sein.

5. WÜRZEN UND ANRICHTEN: Die Linsen mit Salz und Pfeffer würzen. Parallel die restlichen 2 Selleriestangen in feine Scheiben schneiden. Die Fussili zusammen mit den Sellerieescheiben zu den Linsen geben. Alles zusammen etwa 10 Minuten garen. Zum Schluss die Lin-

sen nochmals kräftig abschmecken, mit 3 EL Olivenöl beträufeln und das Selleriegrün fein gehackt oben aufstreuen.

Basilicata & Kalabrien

EINFACHE UND KARGE KÜCHE

Im tiefen Süden Italiens, in der langgestreckten Stiefelspitze Kalabrien, liegen viele Orte wie Bastionen auf Berggipfeln. Die Einheimischen suchten seit alters her dort Zuflucht, denn eroberungssüchtige Mittelmeervölker suchten die Region mehrfach heim, raubten immer wieder Hab und Gut. Ihre Existenz bestritten die Kalabresen als Hirten, Bauern und Handwerker. Und auch heute noch sind die Regionen recht arm und einsam. An den unsicheren Küsten mochten sich die Menschen noch bis zum 17. Jahrhundert nicht niederlassen.

Deshalb ist die Küche der Region nicht von den Schätzen des Meeres, sondern vom fruchtbaren Boden des bergigen Hinterlandes geprägt. Hier baut man intensiv Gemüse an – allen voran Auberginen und Tomaten – sowie Hülsenfrüchte, Artischocken, Paprika, Zwiebeln, Kohl und Kartoffeln. Zudem gedeihen hier Zitronen und Orangen prächtig.

Makkaroni mit Schinken ist so ein einfaches und typisches Pastagericht aus Kalabrien. Es kommt mit wenigen Zutaten aus, hat eine gewisse Schärfe durch die Chilischote, den typischen Schafskäsegeschmack und wird abgerundet durch frische Kräuter und Gewürze.

Im Norden schließt sich an Kalabrien die Region Basilicata an, die in großen Teilen arm und einsam ist. Sie hat nur an zwei ganz schmalen Stellen Zugang zum Meer. Das Hinterland ist ausgesprochen herb und wird von Orten wie Matera mit Tausenden von steinernen Höhlenwohnungen und verwinkelten Gassen geprägt.

Die Küche in Basilicata bietet meist sehr einfache, aber gut gewürzte Kost, da der Boden hier nicht so ertragreich ist. Mit Gewürzen gleicht man dieses Defizit entsprechend aus. So ist vor allem der Verbrauch an Peperoncini sehr hoch.

Maccheroni alla calabrese

ZUTATAEN (für 4 Personen): 100 g roher Schinken (milde Sorte) • 1 kg Tomaten • 1 Bund glatte Petersilie • 1 Bund Basilikum • 100 g Caciocavallo-Käse (ersatzweise Pecorino) • 3 EL Schweineschmalz • 2 EL Olivenöl • 1 getrocknete Chilischote • 1 Zwiebel • 3 Knoblauchzehen • ein paar schwarze Pfefferkörner • Salz • frisch gemahlener Pfeffer • 400 g Makkaroni

Maccheroni alla Calabrese

60 min.

1. ZERKLEINERN: Tomaten mit kochendem Wasser überbrühen, häuten, entkernen und das Fruchtfleisch zerkleinern. Den Schinken in Streifen schneiden, die Zwiebel und die Knoblauchzehen fein hacken. Den Caciocavallo reiben, die Petersilie hacken und das Basilikum in Streifen schneiden. Den Käse und die Kräuter erst einmal beiseite stellen. Die Pfefferkörner im Mörser zerstoßen und ebenfalls zur Seite stellen.

2. ANBRATEN: In einem Saucentopf 2 Esslöffel Olivenöl und 1 Esslöffel Schmalz erhitzen. Die Zwiebel und die Chilischote darin andünsten. Knoblauch und Schinken einrühren und kurz anbraten.

3. SAUCE KÖCHELN: Dann die Tomatenstückchen untermischen. Die Sauce nun etwa 30 Minuten köcheln lassen. Ab und zu ein wenig umrühren.

4. NUDELN KOCHEN: 3 Liter Salzwasser in einem großen Topf aufkochen, die Makkaroni in Stücke brechen und al dente kochen.

5. WÜRZEN: Tomatensauce nun mit Salz und Pfeffer würzen und die Chilischote entfernen. $^1/_4$ der gehackten Petersilie einrühren.

6. ANRICHTEN: Makkaroni abtropfen lassen und in eine Schüssel geben. Mit 2 Esslöffeln Schmalz und den zerstoßenen Pfefferkörner mischen. Käse und Tomatensauce untermengen und mit den restlichen kleingeschnittenen Kräutern bestreuen.

Sizilien

Schmelztiegel vieler Kochkulturen

Sizilien war schon immer ein Schmelztiegel vieler Völker und damit auch deren Kochkulturen, was eindeutig den Charakter der lokalen Küche prägt – ein üppiges Gemisch wundervoller Zutaten.

Hier treffen arabische Gerüche auf den satten Duft sonnenreifer Tomaten, die herben Aromen wilder Kräuter und süßer Orangen auf die Düfte des Meeres. Das Öl jahrhundertealter Olivenbäume ist ebenso prägend wie die Würze von Käse oder die Süße von Honig und Mandeln.

Sizilien ist die größte Insel des Mittelmeeres und besitzt sehr fruchtbare Regionen. Hügel- und Bergland bedecken rund vier Fünftel der gesamten Fläche. Aufgrund seiner Größe hat Sizilien unterschiedlichste Vegetationszonen zu bieten.

Die Südküste ist sehr heiß und wird von Luftströmungen aus Afrika flankiert, sodass hier hauptsächlich Mandelbäume gedeihen. Die Ostküste liegt im Schutze des Ätna und bietet so das ganze Jahr hindurch mildes Klima.

Im Westen dagegen wird fast ausschließlich Wein angebaut. In den Gebirgsketten wachsen Bäume und Pflanzen, die an nördlichere Breiten erinnern: Ginster, Walnüsse und Esskastanien bestimmen dort das Bild. Und auf dem Hochplateau bei Enna schließlich liegt die Kornkammer Italiens: Hier gibt es Getreidefelder soweit das Auge reicht.

Kurzum – Sizilien hat einen reichen Fundus an frischen Zutaten: unterschiedlichste Gemüsesorten, Oliven, Nüsse und natürlich Zitrusfrüchte.

Beim Gemüse gilt die Vorliebe eindeutig Tomaten, Auberginen und wildem Fenchel. Bei Fleisch und Käse – auch hier gibt es ein reichhaltiges Angebot – lieben die Sizilianer vor allem Produkte von Schaf und Ziege. Die Zutatenliste der sizilianischen Küche ist damit aber noch längst nicht abgeschlossen. Ein kräftiges Olivenöl und leckerer Fisch – vor allem Thunfisch, Schwertfisch und Sardinen – gehören auf jeden Fall zur Cucina Siziliana.

Zu den beliebten Pastagerichten zählen Nudeln mit Sardinen und Fenchel. Diese bereitet man in Sizilien mit wildem Bergfenchel zu – normaler Fenchel tut es aber auch. Die Mischung mit Fisch, Öl, Rosinen, Kräutern, Zitrone und Pinienkernen macht das Gericht wirklich typisch sizilianisch. Teilweise mischen die Sizilianer auch noch Tomaten unter und überbacke das Ganze dann kurz mit ein wenig Caciocavallo.

Pasta con le Sarde

Pasta con le Sarde

60 min.

- ZUTATEN (für 4 Personen): 500 g frische Sardinen (evtl. Dosen-Sardinen) • 1 Fenchelknolle mit Grün • 1 unbehandelte Zitrone • 1 Bund glatte Petersilie • 4 eingelegte Sardellenfilets • 50 g Sultaninen • 2 EL Pinienkerne • 1 TL Fenchelsamen • 1 Zwiebel • 3 Knoblauchzehen • 100 ml Olivenöl • Salz • frisch gemahlener Pfeffer • 400 g Farfalle

- 1. FISCH AUSNEHMEN UND SULTANINEN EINWEICHEN: Die Sardinen ausnehmen, die Köpfe abschneiden, waschen und abtrocknen. Dann leicht salzen, mit dem Saft der Zitrone beträufeln und kaltstellen. Gleichzeitig die Sultaninen in 1/8 Liter Wasser einweichen.

- 2. ZERKLEINERN: Fenchel putzen, harte Stellen entfernen und das zarte Grün aufbewahren. 1 l Salzwasser aufkochen, Fenchel darin 10 Minuten garen. Anschließend Fenchel herausnehmen, abtropfen lassen und in Würfel schneiden. Das Kochwasser aufbewahren. Die Zwiebel fein hacken.

3. SARDELLENPASTE MISCHEN: 1 Bund Petersilie fein hacken. Die Sardellenfilets abspülen, trocknen und klein schneiden. Die Knoblauchzehen hacken. Nun alle drei Zutaten in einem Mörser mit 4 Esslöffeln Olivenöl, abgeriebener Schale von einer 1 Zitrone und 1 Teelöffel Fenchelsamen zu einer Paste zermahlen.

4. SANFT KÖCHELN: 2 EL Olivenöl in einer Pfanne erhitzen und die kleingehackte Zwiebel darin glasig dünsten. Den Fenchel einrühren und kurz anbraten. Dann die Temperatur verringern, die Sardellenpaste, die Sultaninen mit Sud, ein paar EL Fenchelbrühe und die Pinienkerne untermischen. Sanft köcheln.

5. NUDELN KOCHEN: Das Fenchelkochwasser auf 3 Liter auffüllen, erhitzen und salzen. Die Nudeln darin al dente kochen. Anschließend gut abtropfen lassen und 2 EL Olivenöl untermischen.

6. SARDINEN BRATEN: In einer zweiten Pfanne 4 EL Olivenöl erhitzen und die mit Küchenkrepp abgetrockneten Sardinen salzen und pfeffern und von jeder Seite etwa 2 Minuten braten.

7. SCHICHTEN UND ANRICHTEN: Die Nudeln lagenweise in eine vorgewärmte Form schichten und mit Salz und Pfeffer würzen. Jede Lage mit etwas Sardellensauce begießen und einige Sardinenfilets darauf anrichten. Zum Schluss grob gehackte Petersilie und Fenchelgrün aufstreuen und mit etwas Olivenöl beträufeln.

Nudeln aus aller Welt

Asien

Jahrtausende alte Kochtradition

Zu den großen Irrtümern der kulinarischen Geschichte gehört die Mär, dass die europäische Küche erst Nudeln kenne, seitdem Marco Polo sie im 13. Jahrhundert aus China mitgebracht habe. Tatsache aber ist, dass Nudeln auch in Asien seit Jahrtausenden bekannt sind – das älteste Rezept ist dort rund 4000 Jahre alt.

Ganz gleich ob in China oder Japan, in Thailand oder Indonesien: Allerorts schätzt man in Asien Nudelgerichte – mit einer Ausnahme: In Indien spielen sie nur eine untergeordnete Rolle.

Allerdings: Die asiatischen Nudeln unterscheiden sich wesentlich von den europäischen. Denn anders als hier werden sie dort nicht in erster Linie aus Hartweizen oder Getreidemehl, sondern aus der Stärke von Bohnen oder aus Reismehl hergestellt. Obwohl sie dadurch anders schmecken, sind sie meist äußerlich kaum von ihren europäischen Verwandten zu unterscheiden: Die meisten asiatischen Nudeln haben die Form von dünnen Spaghettis.

Die wichtigsten asiatischen Nudeln

- GLASNUDELN: Die vor allem in China geschätzte Nudelart wird in der Regel aus Mungobohnen hergestellt, zum Teil aber auch aus Sojabohnen oder Tapiokastärke. Die auch unter dem Namen Celophannudeln bekannte Art wird nicht gekocht, sondern mit kochendem Wasser überbrüht. Dann sollten sie gut 10 Minuten in dem heißen Wasser ziehen. Die langen Nudeln lässt man dann abtropfen und zerschneidet sie vor dem Servieren in kleinere Stücke.

- MIE-NUDELN: Diese Nudeln aus Weizenmehl ähneln Spaghettis, sind allerdings zu einem Knäuel verwickelt. Man bekommt sie sowohl aus Eier- als auch aus reinem Weizenteig. Außerdem sind sie aromatisiert erhältlich, z.B. mit Garnelen- oder Fischgeschmack. Häufig bietet der Handel sie als Instant-Produkte an, die man nur überbrüht und dann 2 Minuten ziehen lässt.

- REIS-NUDELN: Diese in weiten Teilen Asiens sehr beliebten Nudeln stellt man aus Reismehl her – sie tragen ihren Namen also zu Recht. Je nach Herkunft sind sie Spaghetti-dünn oder Bandnudel-breit. Auch sie werden nicht in Salzwasser gekocht, sondern lediglich mit heißem Wasser übergossen und dann ein paar Minuten ziehen gelassen.

- UDONNUDELN: Diese in Japan sehr verbreiteten Nudeln werden aus Weizenmehl bereitet und – wie die europäischen Nudelsorten – in Salzwasser gekocht. Dabei quellen die dünnen Nudeln auf und nehmen eine weiße Farbe an. Man setzt sie vor allem für Salate und Suppen ein.

- SOBANUDELN: Diese japanische Nudelspezialität besteht aus Buchweizen und Weizenanteilen; sie wird genauso zubereitet wie die Udonnudeln. Da die Sobanudeln aber kräftiger im Geschmack sind, werden sie in der Regel nicht für Salate oder Suppen verwendet, sondern als Beilage zu Fleisch- und Fischgerichten gereicht.

- WAN-TAN-TEIG: Die Teigplatten aus Mehl, Eiern und Wasser ähneln der Lasagne und werden genau wie diese zunächst gekocht und dann gefüllt.

ZUBEREITUNGSARTEN

Wie in Europa gibt es auch in Asien unzählige Nudelgerichte, die zudem von Land zu Land und von Region zu Region sehr unterschiedlich sind. Eine einheitliche und damit typische Zubereitungsweise oder Servierfom gibt es nicht.

Im Gegensatz zu den italienischen Kochgewohnheiten gibt es viele Rezepte mit kalten Nudeln, wie z.B. mit den chinesischen Mie-Nudeln. Die Nudeln werden dabei zunächst entsprechend zubereitet - in der Regel also überbrüht oder gedämpft. Dann lässt man sie erkalten und reicht sie als Beilage oder verwendet sie als Salatbeigabe.

Weitere Zubereitungsarten sind Braten und Frittieren: Bei letzterem werden die Nudeln z.B. ein paar Minuten lang in heißes Sojaöl getaucht und dann sofort serviert.

Eine klassisch chinesische Zubereitungsart ist das Dämpfen über dem Wok, dem großen pfannenähnlichen Spezialtopf. Dazu benötigt man neben dem Wok einen preiswerten Bambus-Dämpfkorb. Der Boden des Woks wird zunächst mit Wasser gefüllt und dieses dann zum Kochen gebracht. Dann stellt man den mit Nudeln gefüllten Dämpfkorb in den Wok und lässt die Nudeln darin ziehen.

TYPISCHE ZUTATEN

Für die Zubereitung der asiatischen Nudelgerichte bieten heute Asialäden rund um den Globus alle wichtigen Zutaten - vieles ist zudem über das Internet erhältlich.

Wichtig sind vor allem die typischen Gemüsearten wie Bambus- und Sojasprossen, Mu-Err- und Shiitake-Pilze oder Algen und Wasserkastanien. Den Geschmack prägen zahlreiche Kräuter und Gewürze. Nur wenige von ihnen sind auch in Europa gängig wie Curry und Kreuzkümmel oder Kurkuma und Ingwer. Hinzu gesellen sich beispielsweise Thai-Basilikum, Zitronengras oder die Wurzeln der Galgantpflanze.

Zum Würzen setzt man zudem auch gerne verschiedenartige Saucen und Flüssigkeiten ein. So ist die asiatische Küche ohne Soja- und Fischsauce oder auch ohne Sesamöl undenkbar. Hinzu kommen in verschiedenen Regionen auch Kokosmilch, Reisessig oder Reiswein.

Eine Besonderheit stellen zudem zahlreiche Pasten dar, allen voran verschiedenste Currymischungen, aber auch Bohnen- oder Garnelenpaste sowie das berühmte Sambal oelek.

Deutschland, Österreich & Schweiz

BEILAGEN UND SALATE

Wie in Italien sind die Küchen Deutschlands, Österreichs und der Schweiz ohne Nudelgerichte undenkbar. Im Gegensatz aber zum Mutterland der Pasta, wo man Nudeln in der Regel als eigenständiges Gericht vor dem Hauptgang isst, reicht man diese im deutschsprachigen Raum traditionell als Beilage zu Fleisch- und Fischgerichten.

Und: Es gibt unzählige Nudelsalate, die mit frischem Gemüse und kalten Nudeln angerichtet werden. Besonders großer Beliebtheit erfreuen sich diese vor allem auf Partys, wo sie traditionell selbstverständlicher Bestandteil jedes Buffets sind.

Der große Durchbruch gelang der Nudel hier durch die großen Handelshäuser im 16. Jahrhundert. Seitdem haben die Teigwaren einen unaufhaltsamen Siegeszug angetreten. Heute gibt es im deutschsprachigen Raum ein unglaublich großes Angebot an verschiedensten Nudelsorten.

Neben den bekannten italienischen Pastaarten wie Spaghetti und Maccheroni, die längst die Regale der Supermärkte erobert haben, erfreuen sich auch viele heimische Spezialitäten großer Beliebtheit.

Besonders groß ist die Auswahl an Teigwaren mit Eiern, die in allen deutschsprachigen Ländern auf eine lange Tradition zurückblicken können. Je nach Eigehalt spricht man von Eiernudeln (mit 2 Eiern pro kg Grieß) von Nudeln mit hohem Eigehalt (mindestens 4 Eier pro kg) oder von Nudeln mit sehr hohem Eigehalt (6 Eier pro kg).

Designer-Nudeln im Trend

Die deutsche Nudelindustrie bietet dabei längst nicht mehr nur traditionelle Produkte an: Das breite Angebot wird vor allem auch durch ausgefallene Nudelkreationen geprägt.

Besonders gefärbte und aromatisierte Nudeln erobern den Markt. Das Spektrum reicht von grünen Spinat- und Bärlauchnudeln über rote Rote-Beete- und Rotweinnudeln bis hin zu Nudeln mit Schokoladengeschmack.

Und auch bei den Formen ist man kreativ: Zu den Klassikern zählen winzige Nudeln in Buchstabenform, die jedes Kind als Suppeneinlage kennt und liebt. Zu den neueren Kreationen zählen Nudeln in Herzchenform oder auch mit Weihnachtsmotiven. Dabei geht der Trend vor allem zu Designer-Nudeln in hochwertiger Optik, die eine junge, modebewusste Kundschaft ansprechen. So kommen ständig neue Produkte in ausgefallenen Formen auf den Markt.

Regionale Spezialitäten

Vor allem in Süddeutschland, aber auch in Österreich und der Schweiz, kennt man zahlreiche Nudel-Spezialitäten. Die bekannteste und im ganzen deutschsprachigen Raum geschätzte Nudelart sind die schwäbischen Spätzle, dickere Eiernudeln, die hervorragend zu schweren Saucen und Fleischgerichten passen.

Am besten schmecken Spätzle, wenn man sie frisch zubereitet, vom „Brett schabt", wie es bei den Schwaben heißt. Und das ist ganz wörtlich zu nehmen: Der weiche Teig aus Eiern, Mehl und Salz wird auf ein Küchenbrett gegeben und von dort mit einem Messer in kleinen Stücken direkt ins kochende Salzwasser geschabt. Alternativ kann man die Spätzle aber auch mit einem speziellen Hobel herstellen.

In Österreich nennt man die hausgemachte Nudelvariante Nockerln. Zur Herstellung fertigt man einen nicht zu dünnflüssigen Eierteig. Auch nun kommt wieder der Nudelhobel zum Einsatz, den man hier allerdings Nockerlhobel nennt. Man kann den Teig aber auch durch ein Sieb pressen. Wer mag, gibt dem Teig etwas Muskat zu – so erhalten die Nockerln ihren ganz speziellen Geschmack.

Das Spätzle/Nockerln-Grundrezept wird in vielen Regionen zu ausgefallenen Varianten abgewandelt. Beliebt sind beispielsweise Käsespätzle: In den Teig werden geriebener Käse – z.B. Emmentaler – und klein gehackte Zwiebeln eingearbeitet.

Zu den Highlights der Süddeutschen Küche gehören außerdem die so genannten Maultaschen, mit Hackfleisch und Lauch gefüllte Teigtaschen, die in einer Brühe mit gedünsteten Zwiebelringen serviert werden.

Dampfnudeln

Die vor allem auch in Österreich so beliebte Dampfnudel ist keine Nudel, sondern ein Kloß aus Hefeteig, der gern mit fruchtigen und süßen Saucen als Nachtisch serviert wird.

Zur Liste der beliebtesten Nudelgerichte zählen nicht zuletzt auch verschiedenste Nudelsuppen und -aufläufe. Letztere sind nicht nur mit Bechamelsauce oder Käse überbacken sehr beliebt, sondern auch als süße Varianten – z.B. mit Obst.

Bildquellen

Andreas Arndt, Hemer: 90
Antonia Pehle, Unna: 86
Asa Selection, Höhr-Grenzhausen: 14, 41, 68, 80-83, 88-89, 94, 101, 104, 116, 124-125, 127, 139
Birgit Andrich: 17
Birkel Teigwaren GmbH, Weinheim: 42, 45
Buitoni, Frankfurt: 12, 15, 16, 70
Büro Sherry: 20
Deutsches Teigwaren Institut: 18, 28, 34, 43, 48
ENIT Staatliches Italienisches Fremdenverkehrsamt, Frankfurt/M : 24, 224-225, 228-229, 232-233, 236-237, 241, 244-245, 248-249, 252-253, 256-257, 260-261, 264-265, 268-269, 272-273
Herrmann GmbH Teigwaren-Spezialitäten, Kirchheim/Teck: 19, 23, 27, 44 u., 286-287
Jürgen Schossig, Kandern: 135
Medien Kommunikation, Unna: 21, 27 31, 36-37, 40, 46, 49-67, 75-79, 91-93, 96-100, 103, 105-115, 117-123, 126, 128-134, 136-138, 141-203, 209-213, 219, 222, 227, 230, 234-235, 239, 240, 243, 246, 251, 255, 259, 267, 271, 275-279, 281-284, 288-291
R&R Publishing Pty. Ltd, Australien: 74, 205, 207, 215-216, 221, 263, 280, 285
Robert Kannengießer, Bos Food GmbH, Meerbusch: 22
Techniker Krankenkasse: 25

Teigwaren Riesa GmbH, Nudelcenter Riesa: 32-33, 44 o.
Villeroy & Boch AG, Mettlach: 39, 214
WMF AG, Geislingen/Steige: 71-73, 84-85, 87

Für die freundliche Unterstützung bedanken wir uns bei:

ASA SELECTION Wohnaccessoires Handels GmbH, Höhr-Grenzhausen
Bos Food GmbH, Meerbusch
Birkel Teigwaren GmbH, Weinheim
Herrmann GmbH Teigwaren-Spezialitäten, Kirchheim/Teck
Küchenprofi GmbH & Co. KG, Solingen
Mamma Lucia, eterna Nahrungsmittel GmbH, Frankfurt/Main
Teigwaren Riesa GmbH, Nudelcenter Riesa

Kulinarische Beratung & Kochen: Roger Kimpel

Mitarbeit: Yara Hackstein, Carola Struck, Susanne Gilsbach, Mathias Hinkerode

Register der Rezepte

Sachregister